간추린 이스라엘 역사

윌리엄 F. 올브라이트 著

김　　정　　훈 譯

기독교문서선교회

The Biblical Period from Abraham to Ezra

By
William F. Albright

Translated by
Chŏng-hun Kim

1998
Christian Literature Crusade
Seoul, Korea

저자 서문

　이 책은 루이스 핑켈스타인(Louis Finkelstein)의 두 권으로 된 저서『유대인—그들의 역사, 문화 그리고 종교』(The Jews: Their History, Culture and Religion)의 첫 장에 썼던 것을 개정, 보완하여 새로운 책명을 부친 것이다. 원래 이 책은 1947년 여름에 쓰여졌으나 장장 15년 만에 개정한 것이다. 내 자신이 최근에 아브라함과 사무엘같은 인물에 대해 연구한 것을 간략히 소개하고, 또 새로 발견된 사실과 그 중요성에 대해 다룬 것을 다 포함시켜서 이 책은 내가 원래 썼던 것의 한 배 반 이상이나 되었다.
　이 책은 이스라엘 역사의 요점만 다룬 개론서이므로 구약의 중요한 인물이 빠져 있는 경우도 있음을 상기하기 바란다. 특별히 이스라엘의 문화, 종교, 문학을 다 체계적으로 다룬 것이 아니다. 이런 것에 관심이 있는 독자들은 존 브라이트(John Bright)의『이스라엘 역사』(1959년)나 G. 어니스트 라이트(G. Ernest Wright)의『성서 고고학』(1957년), 또는 내 자신의 저서인『팔레스타인의 고고학』(최근 부분 개정판, 1960년),『석기 시대에서 기독교까지』(최근 부분 개정판, 1957년),『고고학과 이스라엘의 종교』(최근 부분 개정판, 1953년) 등을 읽기를 권한다. 이 두 권으로 된 이스라엘 종교사에 대한 개론은 3분의 2를 1958-59년에 썼고 곧 출판될 예정이다. 나의 관점에서 볼 때 이 분야의 연구 성과는 상당히 더디다.

　　　　나의 이 저술들은 모두 다 내 자신의 관점이나 내가 속한 그룹의 입장을 대변한다. 이외에도 다른 좋은 연구서들이 있는데, 마틴 노트(Matin Noth)의 『이스라엘 역사』, 에스겔 가우프만(Yehezkel kaufman)의 『이스라엘 종교』, 롤랑 드 보(Roland de Vaux)의 『고대 이스라엘—그 삶과 제도』 등은 그 내용뿐 아니라, 이론적인 관점에서 필독서들이다.

　　　　이 작은 책을 내는 데 수고해 준 분들에게 감사드린다. 먼저 유대인 신학대학원의 총장인 핑켈스타인님인데 원고를 편집해 주셨고, 이렇게 단행본으로 출판케 해 주셨다. 그리고 총장님의 영애인 에무나(Emunah)는 1958-59년에 나의 나무랄 데 없는 조교였고, 또 나의 조교인 노엘 프리드만(Noel Freedman)이 여러모로 수고하였으며, 역시 현재 내 조교인 허버트 후프먼(Herbert Huffmon)은 그의 유능함과 근면함으로 큰 도움을 주었다. 그리고 하퍼 출판사의 직원들은 경이적인 인내심을 보여주었다. 그리고 내 아내의 쉴 줄 모르는 지원이 없었다면 이렇게 정식으로 은퇴한 다음에 활발히 학자 생활을 한다는 것이 어려웠을 것이다.

1962년 7월
윌리엄 폭스웰 올브라이트(William Foxwell Albright)

역자 서문

 이 얇은 책은 '20세기 천재 구약학자'요 '구약 고고학의 아버지'라고 불리는 윌리엄 폭스웰 올브라이트(William Foxwell Albright)가 고고학적인 발견을 중심으로 구약의 배경을 다루면서 서술한 이스라엘 역사이다.
 서문에서 저자가 밝힌 대로 본래의 핑켈스타인(Louis Finkelstein)이 편집한 유대인 역사의 고대편 첫 장을 60년대 초 저자가 뉴욕 유대인 신학대학원(The Jewish Theological Seminary of America)의 초빙 교수(Louis M. Rabinowitz Visiting Professor)로 있으면서 다소 개정하여 한 권의 책으로 내놓은 것이다.
 올브라이트에 대해선 재삼 소개가 필요 없는 당대 최고의 학자이다. 그 이전에는 독일의 본문 비평 및 전승 비평, 양식 비평 등이 구약학을 주도하다시피 했으나, 그는 고고학과 고대 셈족 언어 해독 및 비교 연구로써 구약학의 새 장을 열어서 구약학의 흐름을 독일 위주에서 미국으로 옮겨 놓은 장본인이기도 하다. 그의 저서 『석기 시대에서 기독교까지』(From the Stone Age to Christianity)는 영어에서 독일어로 번역된 몇 안 되는 구약 서적 중의 하나이다. 하지만 볼티모어의 존스 홉킨스 대학교에서 처음 그를 가르치고 큰 영향을 준 사람은 아이러니컬하게도 당시 앗수르학의 대가였던 독일인 교수, 폴 하웁트

(Paul Haupt, 1858-1926년)였다. 최근의 미국 고고학 잡지("Biblical Archaeologist", Vol. 56/1, 1993)에서도 올브라이트의 업적을 재조명하고 있고, 그의 제자들(F. M. Cross, N. Freedman, 故 Moshe Held)이 미국 구약학을 이끌어 가고 있다고 해도 과언이 아닐 만큼 그의 영향력과 연구는 너무도 중요하다.

이 책은 본래 단행본으로 의도된 것이 아니므로 이스라엘 역사를 자세하게 연대기적으로 다루고 있지 않지만 올브라이트 특유의 고고학적 실증을 흥미 있게 곁들여 가며 구약 역사의 진실성과 역사성을 입증하려고 노력하고 있다.

60년대 이후로 이미 많은 발굴과 고대 자료 해독 등의 연구가 진척되어, 특별히 올브라이트식(式)의 설명이나 해석은 뒤집어지고 바뀐 것이 많지만, 독자는 올브라이트가 실제 이스라엘 땅 위에 캠프를 치고 땅을 파서 발굴하면서까지 구약 역사를 추적하고자 했던 진지함과 선구자적인 시도, 천재적인 착상 등을 맛볼 수 있을 것이다. 물론 그의 연구는 무엇보다 구약 기사의 고대성과 역사성을 실증적으로 밝히는 데 주력하면서 고고학적인 입증을 과신한 면도 없지 않다. 그러나 구약 본문 내에서만 모든 것을 해석하고 판단하려는 독일 학자들의 비평 방법에 고고학과 고대 셈족 언어학이라는 외적이고 공시적인(synchronic) 방법론을 과감히 도입함으로써 구약 연구의 균형을 맞추는 발판이 마련된 것이다.

역자 자신은 올브라이트 말년의 제자 중 한 사람인 이스라엘 벤구리온 대학교의 엘리이젤 오렌(Eliezer Oren)에게서 구약 고고학을 배울 기회가 있었는데, 올브라이트는 말년에 거의 시력을 잃어 가면서도 새로운 발견과 학설에 의해 자신의 연구가 차츰차츰 수정되어 가는 것에 대해 관대함과 겸허한 마음으로 얼마든지 수용했다고 한다. 이 책은 올브라이트가, 역자가 지난 5년간 공부해 온, 뉴욕 유대인 신학대학원 초빙 교수 시절 탈고한 책이어서 번역하는 데 더 뜻이 깊다.

마지막으로 이 지면을 빌어 아빠가 만년 유학생이어서 그 동안

때때로 제대로 잘 먹지도 못하면서 같이 고생해 온 사랑하는 아내와 세 딸 윤경, 화경, 선경에게 눈물로 감사한다.

1994년 한여름
미국 필라델피아에서
김 정 훈

차 례

저자서문
역자서문

제1장　히브리인의 시작 / 9
제2장　모세의 시대 / 21
제3장　팔레스타인의 정복 / 37
제4장　지파의 규율과 카리스마적인 지도자들 / 49
제5장　통일 왕조 / 67
제6장　왕조의 분열에서 예후의 반란까지 / 79
제7장　예후에서 사마리아 함락까지 / 89
제8장　사마리아 몰락에서 바벨론 유수까지의 유다 / 99
제9장　포수기와 귀환 / 107
제10장　느헤미야에서 바사 제국 멸망까지 / 119

연대기 도표

제 1 장
히브리인의 시작

　　　히브리인의 민족적 전통은 다른 모든 민족을 능가하는 부족적이며 씨족적인 기원을 갖는다. 애굽이나 바벨론, 앗수르, 페르시아, 그리스, 로마에도 이에 비견될 만한 것이 없는 것 같다. 게르만 민족에게서도 그와 같은 것은 찾아볼 수 없다. 인도나 중국에서드 상고 역사에 왕조나 신격화되어 있는 영웅 시대 이전의 유목민이나 농경시대 기록은 없고, 왜곡된 왕조의 전통을 찬양하는 문서 기록만 있으므로 마찬가지이다. 가장 오래된 인도의 역사 기록(Puranas)이나 헬라의 역사가들도 인도의 아리안 족이나 헬라인들이 원래 북쪽에서 나중 거주처로 이주해 온 유목민들이었다고 언급하고 있지 않다. 앗수르인은 분명히 자신들의 초기 통치자들에 대해 자세한 사적은 모르고 이름만 어렴풋이 기억하며 천막 거주자였다고만 말하고, 그들의 원조가 어디인지는 모른다.

　　　이러한 다른 종족들과는 대조적으로 이스라엘 백성은 놀랍게도 그들의 처음 단순한 시작과 복잡한 이주 과정, 요셉의 통치로 인한 순탄한 삶에서 그의 사후 쓰디쓴 핍박 등 지대한 변천의 역사에 대해 확실한 묘사를 하고 있다. 최근까지만 해도 성경 역사 학자들 가운데는 창세기 족장 기사를 분열 왕국 시대에 서기관들이 조작한 창작품이나, 가나안 땅 점령 이후 시대의 축제 때 광상곡 작사자(imaginative rhapsodists)가 지어낸 이야기로나 취급하려는 부류가 있었다. 유명한 구약 학자들 가운데는 창세기 11-50장의 구구절절이 후기에까지 결코 알려졌을 리 없는 왕조 시대의 상황과 사건을 먼 과거로 역투영하는 후기의 고안물로 여기는 이들이 있다.

하지만 1925년 이후의 고고학적 발견은 이런 모든 것을 다 뒤집어 놓았다. 몇몇 고질적인 옛 학자들을 제외하고, 급속도로 축적된 족장 시대 전통의 실제 역사성을 입증하는 자료에 영향을 받지 않은 성경 역사 학자는 아마 없을 것이다. 창세기의 전통에 따르면 이스라엘의 조상은 BC 2천 년대 마지막 몇 세기와 1천 년대 초 몇 세기, 요단 동편과 수리아, 유프라테스 유역 및 북아라비아의 반유목민과 깊은 연관이 있다고 한다. 이러한 사실은 최근에 발굴된 비문에 의해 놀랍도록 확증되었다. 창세기는 이스라엘의 조상이 메소포타미아에서 왔다고 하고, 고고학적 증거도 동의하는 바이다. 창세기 11:31에 따르면 아브라함의 부친 데라가 우르, 즉 거대한 바벨론 도시인 우르 영토에서 북서 메소포타미아의 하란으로 이주하였다고 한다.[1] 1922년에서 1934년에 우르에서 발굴 작업을 한 영국 고고학 팀의 자료는 주위의 몇몇 곳에서 발견된 설형문자 비문으로 우르가 엘람 족(Elamites)의 침입을 받아 파괴될 때인 BC 2060년에서 1950년(저⟨低⟩연대기) 사이에 번영의 극치를 이루었음을 증명한다. 우르는 그 후 부분적으로 복원되었다가 17세기 초 위대한 함무라비의 아모리인 아들 삼수일루나(Samsuiluna)와

---

1) 사실 BC 3세기의 헬라어 역본에 보면 '갈대아 땅에서' 라고만 되어 있고 우르에 대한 아무 언급도 없다. 그러나 약간 후대의 책인 희년서에 보면 갈대아인의 아라(Ara: 땅이란 의미의 아람어 ar'a를 오해한 듯함)를 건설한 '케세드(Kesed)의 아들 우르' 라는 이름의 시조 영웅과 갈대아의 우르 모두가 다 언급되어 있다(후자는 반복적으로 나옴; *From the Stone Age to Christianity*, 1957, ed., p. 20 참조). 그러므로 가장 개연성이 높은 해결책은 다른 방향에서 찾아볼 수 있는데 70인역과 맛소라 본문의 근간이 되는 사본에서 가운데 글자를 빠뜨리고 다르게 줄임으로써 원래 히브리어 본문은 '갈대아 땅에 (있는) 우르' 였을 것이다. *Bull. Am. Sch. Or. Res.*, No. 140, pp. 31 이하의 나의 언급 참조.

일리마아눔(Ilima-Anum) 사이의 전쟁 때 다시 파괴되어 그 후 수세기 동안 역사에서 사라졌다. 데라가 우르에서 하란으로 온 시기를 정확히 알 수는 없지만 BC 1750년에서 1500년 사이일 것으로 보는데, 당시의 역사적 상황에 기막히게 맞기 때문이다.

하지만 여기서 북서 메소포타미아의 발리크(Ealikh) 계곡까지의 히브리인 족장의 발자취를 추적해 보면 그 전통이 옳다는 증거를 지면상 다 얘기할 수는 없겠다. 성경에 나오는 하란이나 나홀 같은 도시들이 그 명확한 증거가 될 수 있는데(창 24:10), BC 19세기, 18세기에 다 번영하던 도시였다.[2] 사람이나 지파 및 신의 이름들도[3] 그 증거가 될 수 있고, 창세기 2-11장의 선사 시대 기록도 그렇다.[4] 특히 후자는 앗수르 바벨론의 석판에 보존되어 있는 비슷한 자료와 아주 밀접하게 연관돼 있어 중요한 반면, 가나안에서 나온 여러 가지 우주 발생에 대한 기사들과는 실제 무관하다. 이러므로 그 성경 기자는 바벨 기사를 함무라비와 그의 후계자 시대(주전 17-16세기)가 아니라 그보다 몇 세기 전인 아카드(Accad)의 사르곤이 바벨론의 기초를 놓았던 얘기에 연결시켰던 것이다.[5]

따라서 이제 BC 20-16세기 사이의 족장 시대는 창세기에 묘사된 이주의 장면에 아주 잘 들어맞는다. 20-19세기에 아모리 족장들은 메소포타미아 대부분 지역의 아카드(앗수르-바벨론) 군주들을 대치하게

---

2) *From the Stone Age to Christianity*, 1957 ed., pp. 236 이하의 나의 언급과 설명 참조.

3) 주 2)의 같은 곳과 J. Lewy, *the Revue de l'Histoire des Religions*, 1934, pp. 44 이하 참조.

4) *Jour. Bib. Lit.*, LVIII(1939), pp. 91-103.

5) (내가 언젠가 다루려고 하는) 이러한 순환적인 전설에 따르면 바벨론이 BC 2, 3세기에 강대한 제국을 건설하였던 사르곤 1세의 수도 아카드(Accad) 바로 맞은 편에 세워졌다는 것이다. 그 명칭 바빌리(Babili(m))는 '신의 문'을 뜻하는 것으로서(수메르어로는 카딩기라(Kadingirra)이다), 그 이야기에 나오는 다른 점들을 참작하면 이것이 중요한 성소로서 그 생전의 탑은 당시에 지어진 가장 높은(그리고 최초로?) 것이었다. 이제 우리가 아는 바로는 아카드가 유프라테스 고도의 바벨론 바로 남쪽에 있었다.

되고 이러한 과정은 이란 서부의 자그로스(Zagros) 산맥에서 지중해에 이르는 아모리인이 정주했던 마리(Mari)의 박물관이 있었을 때까지 계속되었다. '아모리'라는 말은 원래 아카드어로 '서부인'이란 뜻이었다. 따라서 족장 시대에 이 말은 후에 아람인과 이스라엘의 조상을 포함해서 북서 셈족 방언을 말하던 모든 족속을 일컫는다. 이 시대의 '아모리'인 이름 중에는 아브람, 야곱, 스불론, 베냐민 같은 많은 히브리식의 이름이 나온다.[6] 1936년에 불란서인이 발견한 마리 박물관은 18세기 말에도 아모리 지역의 여러 곳에서 인구의 이동이 있었음을 잘 보여주고 있다. 상업이 성행했으며 대상들도 쉽게 눈에 띄였다. 티그리스의 앗술(Assur)에 수도를 둔 앗수르의 왕은, 마치 더 겸손해진 아브라함이 자기 아들을 하란 근처의 나홀에 결혼 목적으로 보내었듯이 중앙 수리아의 카트나(Qatna) 군주에게 그의 딸과 자기 아들을 혼인시키려고 교섭을 하였다. 여전히 반유목민으로 남아 있는 아모리인으로부터 대상과 농부를 보호하기 위해서는 각별한 경호가 필요했고 먼 지역 사이에서 통신을 원활히 하기 위해서 특별히 고안된 등대 시설이 사용되기도 했다.[7]

최근에 팔레스타인의 이 시대에 속한 지역에서 많은 발굴이 이루어졌고 애굽과 수리아에서 발굴물이 나와서 족장 시대의 정확한 팔레스타인 모습이 나타났는데, 창세기 기사와 아주 부합한다. BC 2200년 이후로는 이 지역에 유목민과 반유목민의 세력이 증가하면서 물질적인 문화도 점차 퇴락하고 인구도 감소하게 되었다. 19세기 이후 유목민들의 공격으로 남부와 중부의 요르단 저편 정착민들은 자취를 감추게 되

---

6) 앞의 주와 덧붙여 *Bull. Am. Sch. Or. Res.*, No. 83, p. 34 참조.
7) 마리 박물관에 대한 일반적인 해설로는 *Bull. Am. Sch. Or. Res.*, Nos. 77, pp. 20 이하와 p. 78, pp. 23 이하; G. E. Mendenhall, *Bib. Arch.*, XI(1948), pp. 1-19. 그 구절의 마지막 두 가지 항목은(On the two last items in the paragraph see) G. Dossin, *Revue d'Assyriologie*, XXXVI, 50 이하, XXXV, 174 이하⟨*Ancient Near Eastern Texts Relating to the Old Testament*, ed. J. B. Pritchard⟨hereafter *ANET*⟩, p. 482 참조⟩를 보라.

었다. 약 6세기 정도는 거의 정착민이 없는 상태였는데 13세기에 이르러서 다시 그곳에 정착하기 시작했다.[8] 커트 세드(Kurt Sethe)가 출판한 20세기 말의 애굽 문서는 거의 모든 팔레스타인과 남부 수리아 지역이 지파 경계를 따라 구성되었음을 보여준다. 거기에 도시는 거의 언급되지 않았고 이것은 발굴 결과와도 정확하게 일치하는 것이다. 그러나 한편 애굽의 보호하에 정착이 급속도로 이루어져, 19세기 말까지의 (조지 포스너〈George Posener〉가 출간한) 애굽 기록에 따르면 거의 모든 서부 팔레스타인과 남부 수리아가 조직된 반면, 요단 저편만은 여전히 지파 단계로 남아 있다.[9] 그리고 고고학적 발굴도 이러한 사실을 입증해 준다. 더욱이 이 기간에 도시는 산악 지대에 드문드문 흩어져 있었고 해안의 평야와 이스르엘과 요르단의 충적 계곡 등에 주로 정착이 이루어졌다. 그러므로 후에 족장들이 유랑한 곳은 전승에 따르면 산지와 네게브의 사막 지역이었다. 해안의 평야나 내지(內地)의 넓은 계곡의 도시는 하나도 언급되고 있지 않다(아브라함 시대의 특별한 상황에 대해서는 아래 설명을 참조할 것). 또한 애굽의 기록과 팔레스타인의 게셀(Gezer)과 므깃도, 레바논과 수리아의 그발(Gebal; Byblus), 카트나 및 우가릿에서 발굴된 것에 따르면 애굽과 팔레스타인 사이의 무역이 상당히 활발했다.[10]

BC 1892년경으로 추정되는 벤하산의 유명한 벽화는 창세기 4:20-22의 배경으로 아주 어울리는데, 작은 무리의 셈족 대장장이와 음악가, 대상이 중부 애굽을 방문한 것을 묘사해 주고 있다.[11] 따라서

---

8) 요르단 저편의 인구사에 대해서는 Nelson Glueck, *The Other Side of the Jordan*, pp. 20 이하를 참조하라.

9) *Bull. Am. Sch. Or. Res.* Nos., 81, pp. 16 이하 그리고 p. 83, pp. 30 이하를 볼 것.

10) J. A. Wilson, *Am. Jour. Sem. Lang.*, LVIII(1941), pp. 225-236; *The Bible and the Ancient Near East*(1961), pp. 332 이하를 볼 것.

11) 나의 관찰로는 *Archaeology and the Religion of Israel*, pp. 98 이하, 200과 또한 N. Avigad, *Bull. Am. Sch. Or. Res.*, No. 163, pp. 18 이하를 볼 것.

팔레스타인의 산악 지역 이동과 네게브와 팔레스타인 사이의 계절적 이동[12] 및 메소포타미아와 애굽에 손쉽게 여행할 수 있었던 모습은 청동기 중기(中期)의 조건과 완벽하게, 의심의 여지없이 맞물려진다. 여기에다가 15세기의 북메소포타미아 또 다른 지역(Nuzi)의 사회적 관습과 기관에 대해 현재 알려진 바를 모세 이후 시대에 전혀 어울리지 않는 족장 기사의 세부 사항에 견주어 보면,[13] 우리가 족장 전통의 역사성을 입증하려는 시도가 틀림없이 맞다는 것이 밝혀진다. 그렇다고 이것이 카수토(Cassuto)나 다른 학자들이 말하는 시적인 서사시에 근거한 구전을 마치 문서 기록처럼 다루려 한다는 것이 아니다. 여러모로 구전이 더 우월할 때가 많지만 연대기 순서에 관계없이 자료를 굴절시키거나 선택적으로 사용하는 경우가 많다.[14] 따라서 어느 정도 사건의 전통적 순서나 정확한 동기를 가려내느냐가 불분명하다. 또 현재의 기사에 나오는 모든 세부 사항을 그대로 다 용인할 수도 없다. 전체적으로 창세기 기사는 역사적이고 고대 근동의 어떤 다른 문학에서도 찾아볼 수 없는 생생한 표현으로 족장들의 전기적인 세부 사항과 품성을 묘사하고 있다.

앞에서 이미 초기 족장 시대의 일반적인 고고학적, 문화적 배경을 알아보았는데, 지난 15년간(1947-62년) 학자들은 특별히 이 책의 첫 판이 나왔을 때 꿈도 꾸어보지 못한 정확도로 아브라함 이야기(창 12-24장)의 배경을 알게 되었다.[15] 하비루('Apiru 혹은 'Abiru, 후에 히브리어의 'Ibri)의 의미가 밝혀졌는데 '당나귀인(人), 당나귀를 모는 사람, 행상인, 대상' 등의 뜻이다.[16] 원래 이 말은 행상인의 도로 연변

---

12) Alt, *Klein Schriften*, I, pp. 141 이하 참조.
13) 참고문헌과 충실한 설명으로는 C. H. Gordon, *Bib. Arch.*, Ⅲ(1940), 1-12.
14) 이 주제에 대한 나의 관찰은 *The Stone Age to Christianity*, 1957 ed., pp. 64 이하를 참조하라.
15) *Bull. Am. Sch. Or. Res.*, No. 163, pp. 36-54. 참조.
16) Ibid., pp. 53-54. 이 주제에 대해 보다 자세하게 수메르, 아카드, 우가릿, 애굽 및 다른 문헌을 동원해 다른 논문을 준비중이다.

에 당나귀가 일으키는 먼지를 뜻하는 '먼지 낀'이란 뜻이었다.[17] BC 3천 년대에서 2천 년대의 천 년에 이르는 무수한 문헌에서 하비루는 항상 엘람(Elam)에서 애굽까지 흩어져 있던 나라 없는 다양한 종족의 무리들을 일컫는 말이었다. 후기뿐만 아니라 초기에도 그들은 대상으로 종종 노상 강도로 비난이나 의심을 받기도 했고, 당나귀 대상이 줄어들면서는 다른 직업을 물색하게 되었다.

이스라엘의 족장 전승은 이러한 모습과 아주 잘 어울린다. 아브라함의 가족은 남부 바벨론의 우르(갈대인의 땅, 우르)[18] 및 북서 메소포타미아의 하란과 나홀에서 살았다고 한다. 우르는 당시의 최고 상업도시였고 하란은 그 이름 자체가 '대상 도시'인 만큼 이 두 도시는 상업이 성행하던 곳이었다. 더욱이 수리아와 팔레스타인의 아브라함과 연관된 모든 장소는 중요한 상업지였고, 대부분 BC 19-18세기의 고고학적이거나 문서상의 증거가 있다.[19] 덧붙여 넬슨 글륔(Nelson Glueck)의 발굴과 시내산 반도의 베노 로덴버그(Beno Rothenberg)의 사역으로 당시 같은 시기에 이스라엘의 네게브와 북시내 반도의 대상 통로를 따라 계절적인 행렬의 이동이 있었음을 알게 되었다. 더욱이 놀라운 것은 이 지역 대부분에서 그 이전이나 이후 시대의 유물은 거의 발견되지 않았다는 사실이다. 특히 네게브와 애굽의 행상 대로변은 더욱 그렇다. 창세기 20:1이 잘 말해 주듯이 "아브라함이 거기서 남방으로 이사하여 가데스와 술 사이 그랄에 우거하였다." 즉 그의 집과 가족은 네게브 사막의 끝인 그랄에 있었지만 그는 그의 생애를 대상으로서 북부 시내 반도에서 보냈다는 것이다. 최근 텔 아부 후리라(Tell Abu Hureirah)의 이스라엘 고고학자들이 발견한 그랄의 상당히 넓은 부지에서 BC 19-

---

17) 처음으로 바르게 인지한 것이 R. Borger, *Zeits. Deutsch.* Paläst.-Ver., LXXⅣ(1958), pp. 130 이하. 원어로 두 개의 모음이 있는 'apir은 수티아어로 'afir('appir)이다.

18) 위의 주 1 참조.

19) *Bull. Am. Sch. Or. Res.*, No. 163, pp. 44-48. 참조.

18세기에 점령되었던 사실을 말해 주는 유물이 나왔다.[20]

갑바도기아에서 발견된 고대 앗수르 문서와 서부 시나이 반도의 세라빗 엘카딤(Serabit el-khadim)의 애굽 비문 등에서 알 수 있듯이 BC 19세기에 고대 당나귀 대상 무역은 최고점에 달했다.

당나귀에 대한 언급이 상당히 많이 나오고 당시의 애굽 문헌에는 한 대상이 200-600마리를 거느렸던 것으로 나오고 있다.[21] 별종의 검은 당나귀를 북쪽에서는 선호하였고 애굽과 시내 반도 지역에서는 연한 색의 당나귀가 사용되었다. 물론 낙타도 알려져서 종종 사육되기도 했지만 12세기 이전에 낙타 대상이나 토벌대가 있었던 증거는 없다. 아마 낙타는 BC 2천 년대 중반에 동부 아라비아에서 점차로 사육되었던 듯하다.[22]

아브라함(아브람)이 그의 시대에 중요한 인물이었다는 것은 그에 대한 전승이 수세기 동안 거의 변화 없이 구전으로 전해졌던 것으로 보아 타당성을 가진다. 창세기 14장에 아브라함이 동쪽의 네 왕을 물리친 기사는 아주 고대적인 모습을 담고 있다.[23] 청동기 시대의 것으로 보이는 시가 나오기도 하고 그 중에 나오는 여러 이름들은 BC 2천 년 초기의 지파나 사람 이름과 밀접하며, 여기 구약성경에만 나오는 몇 가지 말은 당시의 비문에 나오는 비슷한 용어와 일치할 수 있다. 요단 저편과 서팔레스타인의 네게브 지명들도 이 기사의 주요 역사적 사건이 속하는 것으로 볼 수 있는 BC 19세기와 기막히게 잘 맞는다. 이것이 수세기 동안 구전으로 되어 왔다면, 그 전수된 모형을 많은 고대 자료를 담고 있는 드보라의 노래에서 찾을 수 있을 것이다(아마르나 석판

---

20) Y. Aharoni, *Israel Explor. Jour.*, 4(1954), pp. 34 이하.
21) *Bull. Am. Sch. Or. Res.*, No. 163, pp. 41 이하 참조.
22) Ibid., p. 38 n. 9와 거기에 있는 참고문헌 참조. 발즈(Walz)의 당나귀 유목농에 대한 아직 미간행 논문의 초록이 나와있는 곳은 *Akten of the 1957*(Munich) International Congress of Orientalists(Wiesbaden, 1959), pp. 150-152.
23) 참조. *Bull. Am. Sch. Or. Res.*, No. 163, pp. 40 이하와 p. 49, n. 66에 나와 있는 목록을 볼 것.

〈Amarna Tablets〉에 당나귀 대상이 언급되어 있으나 BC 12세기까지 급격히 감소되었다).

> 아낫의 아들 삼갈의 날에
> 대로가 비었고 행인들은 소로로
> 다녔도다.
>
> 흰 나귀를 탄 자들, 귀한 화문석에
> 앉은 자들, 길에 행하는 자들아
> 귀를 기울일지어다.
> 물 긷는 곳에서 들리는 승리의 노래를
> 여호와의 승리를 칭송하라.
> 이스라엘 가운데서 그의 전사의 승리를
> 활쏘는 자의 기꺼림에서
> 멀리 떨어진 물긷는 곳에서도
> 여호와의 의로우신
> 일을 칭송하라.

창세기 15장도 또한 초기 족장 시대를 가리키는 아주 중요한 사적을 담고 있다. 15:2-4 외의 다른 어디에도 나오지 않는, 아브라함의 법적 상속자(ben beto)는 다메섹 엘리에셀이었으나 아브라함은 그의 상속자가 될 아들을 갖기 원했다는 사실이 드러난다.[24] 족장의 관습법과 비슷한 많은 설형문자 평행구가 있는 15세기의 누지(nuzi) 사본에는 부채를 갖고 있거나 공급이 필요한 사람이 종종 부유한 고리대금업자를 상속인으로 삼는다. 그렇게 하는 기본 이유는 그 지역의 관례에서

---

24) Ibid., pp. 46 이하; M. F. Unger, *Israel and the Aramaens of Damascus*, pp. 3 이하 참조.

조상의 재산을 매각하지 못하게 되어 있기 때문이다. 다른 방도가 없는 사람은 대금업자를 양자 삼아 상속케 하는 것이다. 다메섹은 당시에 중요한 상업 중심지였으므로 상황은 명확하다. 큰 대상이 나귀와 다른 물자를 많이 구입하기 위해서 신용거래를 하지 않으면 안 되었던 것이다. 마찬가지로 후대의 유대인 지도자 힐렐(Hillel)도 프로즈불(Prozbul)이란 것을 만들어서 유대인이 안식년 전에 법정에서 앞으로 법정을 통해 갚겠다고 하면, 다음 안식년 후에 법정에 돈을 지불하므로 융자를 받을 수 있게 하였다. 그래서 돈을 빌리는 사람이나 빌려주는 사람이 다 쉽게 융통할 수 있었던 것이다.

창세기 15장의 야웨와 아브라함 사이의 계약은 많은 고대적인 표현으로 가득 차 있다. 이러한 것을 스파이저(E. A. Speiser)가 지적하였는데, 초기 히브리 종교의 대표적인 예가 된다. 즉 신에게 엄숙한 계약을 하고 그에 따라 신은 그와 그의 가족을 충성의 맹세 대가로 보호해 준다. 이것이 아래에서 논의하려고 하는 영주 계약의 원시적 형태이다. 청동기 후기 '계약'이라는 베리투(Beritu, 히브리어의 Berit)는 문서에서 노동이나 고용 계약과 연관되어 수리아나 애굽에서 나타난다.[25] 이러한 계약 관계가 초기 히브리인의 종교로 옮겨져 사용된 것은 자연적인 현상이다. 왜냐하면 대상이나 무역 활동으로 인해 국가나 지파 혹은 지방의 지도자들, 상인, 대상들 사이에서는 무수한 계약과 조약이 이루어졌기 때문이다. 신전에서 숭배되는 신과는 별도로 개인 신이나 가족 신이 존중되었던 것은 초기 히브리 대상들의 유리하던 삶의 단면을 잘 보여준다.

족장 시대의 모습에 가장 가까운 것은 BC 19세기 갑바도기아의 앗수르 무역 식민지에서 나온 것이고 알브레히트 알트의 대부분 비교물들도 상업이나 대상 가계에 속했던 후기 수리아의 비문과 나바테야

---

25) *Bull. Am. Sch. Or. Res.*, No. 121, pp. 21 이하 참조. 목록에 이름이 나와 있는 사람들은 알라카에서 아샤누(ashannu)라는 계급에 속한 사람들인데, 처음 두 개의 부호는 한 문헌에 나오고 마지막 것은 다른 데에 나온다.

제1장 히브리인의 시작 19

(Nabataean)나 팔미린(Palmyrene)에서 나온 것이다.

같은 고대 본문에 족장 시대 후 애굽 체류한 때부터 다시 팔레스타인으로 귀환하는 사이의 기간을 가리키는 연대에 대한 명확한 전통적인 자료가 있다. 창세기 15:13-16은 일반적으로 오해되는데 여기서 돌(dor)이란 말은 초기 히브리어의 '세대'를 가리키는 것이 아니라 로마어(Etruscan Roman)의 새쿨붐(Saeculvm), 즉 '생애'를 의미한다. 아랍어의 상응어인 다흐룬(dahrun)도 종종 '생애'(원래는 한 시대)를 뜻하고, 시리아어 다라(dara)는 '80년'을 뜻하며 앗수르의 삼쉬아닷 1세(Shamshi-Adad I)의 비문에도 다룸(darum)이 나오는데 '생애'를 의미한다. (아카드 제국의 절정과 그의 통치 시대 사이, 즉 BC 2250년과 1750년 사이에는 일곱 다루〈daru〉가 지났다). 13절에 4명의 생애 길이가 분명히 '400년'으로 나온다.

아브라함, 이삭, 야곱 세 사람의 생애 기간을 산정해서 초기 히브리의 전통은 아브라함에서 가나안 정복까지를 7인의 생애 기간이나 약 7세기 간으로 보고 있는 듯하다. 대부분의 구전이 모호하거나 큰 특징이 없는 기간을 생략하는 경향이 있으므로 족보에서 건너뛴 간격이 있을 수 있다. 최근에 인류학자와 고고학자들이 연구한 바에 의하면 수단이나 로데지아, 폴리네시아, 아랍 등의 지역에서도 전통적으로 족보에 생략된 부분이 있다고 한다.[26] 그러므로 일간에 아브라함의 연대를 BC 15세기나 14세기의 후청동기 시대로 늦추려는 시도는 실제로 거의 근거가 없다. 위에서 언급한 것 말고도 수많은 인명이나 지명 등의 증거는 족장 시대를 부당하게 단축시키는 것에 반대가 된다.

---

26) 특별히 볼 것은 Ian Cunnison, "History and Genealogies in a Conquest State," *Amer. Anthropologist*, 59(1957), pp. 20-31; R. C. Suggs, "Historical Traditions and Archaeology in Polynesia," Ibid., 62(1960), pp. 764-773. 현대 아랍의 여러 족보에도 같은 경향을 보이는 것이 많다. 필자는 아직 같은 현상을 보이는, 남아랍에서 채취한 수집물을 출판치 않았다.

제 2 장
모세의 시대

많은 학자들 가운데는 이스라엘이 모세 시대 이전에 오랫동안 애굽에 체류하고 있었다는 전승을 줄곧 불신하려는 사람들이 있다. 물론 현재의 성경 기사는 BC 천 년경에 그 이전의 오래된 전승의 인명과 지명을 당시의 술어에 맞게 개정되었던 것이 사실이다. 그런데 그 후 약 7세기 후에도 창세기의 헬라어 번역자들이(혹은 그들이 히브리 서기관 자료에 의해) 바로 똑같은 작업을 했으므로 단순히 그렇게 개정했다고 해서 그 전승의 권위를 논박하는 것이 아니다.[27] 우리는 확증된 많은 자료로써 애굽의 북부 지역, 특히 북동쪽 델타의 어느 정도가 문제의 기간에 셈족화되었는지 알 수 있다.[28]

팔레스타인과 페니키아 및 남부 수리아가 애굽의 관할하에 있었던 애굽의 12왕조 때 셈족의 영향은 애굽에서 굉장하였다. 18세기 때 이러한 영향은 아주 급속도로 증가하여 이 세기말에는 셈족들이 애굽의 여러 지역을 차지하기도 했다.[29]

힉소스라는 정복자들은 주로 거의가 다 북서 셈족 계통으로 알려졌고 히브리인과도 아주 가까우며, 히브리인들은 그 세력의 한 구성

---

27) *Bull. Am. Sch. Or. Res.*, No. 140, pp. 31 이하.
28) *From the Stone Age to Christianity*, 1957 ed., pp. 242 이하 참조.
29) *Bull. Am. Sch. Or. Res.*, No. 99, pp. 13-17.

원이었던 듯하다.[30] 야곱이나 홀 같은 성경의 히브리식 이름이 족장이나 귀족들 중에 나오고 애굽의 가장 많은 조각에 나오는 초기 힉소스 '바로'의 이름은 '야곱'(Ya'qubhar이란 이름의 줄임형인 Ya'qub)이었다. 히브리 전승에 나오는 여러 가지 상세한 기사는 히브리의 애굽 정착과 힉소스의 정복 사이에 아주 긴밀한 연관이 틀림없이 있었다는 애굽의 자료와 완전히 일치한다. 힉소스의 전 시대 동안 애굽의 역사적 비문은 전무하기 때문에 더 이상은 알 수 없다. 이 분야에 대해서 오직 기대할 수 있는 것은 수리아나 팔레스타인에서 뜻밖의 설형문자 석판이 발굴될 때일 것이다.

힉소스는 마침내 BC 1550년에 타니스(Tanis=Zoan)를 습격해서 애굽에 있던 마지막 셈족 주둔지를 함락시킨 애굽 18대 왕조의 창시자인 아모시스 1세(약 1570-1545년경)에 의해 멸망되었다. 따라서 물론 셈족의 수장들과 보다 유목민적이었던 모습들은 팔레스타인으로 퇴각하였다 할지라도 셈족이 모두 다 애굽을 빠져나갔을 리는 없었다. 당시의 문서에 보면 살육을 피해 도망한 무리는 노예가 되거나 농노로서 타니스 주의 지역에 거주할 수 있었다. 따라서 아모시스가 출애굽기 1:8의 "요셉을 모르는 바로"였다고 얼마든지 간주할 수 있다. 그런데 전통적으로 큰 대사가 없던 시대는 그냥 넘어가는 경향이 항상 있어 왔다. 따라서 히브리 전통도 BC 1309년경 19대 왕조의 권좌에 오른 뒤 오랫동안 방치되었던 타니스 도시를 재건키 시작한 세토스 1세로 아모시스에서 옮겨진 것을 거의 표시하고 있지 않다. 그 사이에 애굽에서 셈족의 영향은 날로 증가해 가고 있었다. 애굽의 15-12세기 비문에 사용되었던 하비루('Apiru)라는 말이 처음에는 '히브리', 다시 말해서 '대상'과 기본적으로 같은 의미였다는 사실은 꽤 신빙성이 있다.[31] 이 말이 애굽에서 사용될 때는 그런 의미였고, BC 2천 년대 말경에 팔레

---

30) *The Bible and the Ancient Near East*, pp. 334 이하에서 나의 언급 참조.
31) 위의 주 16을 볼 것.

스타인에서 분명히 갖게 된 의미인 인종을 뜻하는 바는 전혀 아니었다. 15세기 초에 하비루는 당시에 주요 포도 집산지인 북동쪽 델타의 포도 수확자들로 나타나 있다.

아메노피스 3세(Amenophis Ⅲ, 14세기 초)와 라암셋 2세(Rameses Ⅱ, 13세기) 치리 동안에 사람 명찰과 명부에 언급되어 있는 이 지역 포도 수확자 중에는 셈족 이름이나 아시아계의 이름을 갖고 있는 사람들이 있어서, 성경 전승에 따라 같은 지역에 정착했다고 하는 히브리인을 이들에게서 분리하기 어렵다. 당시의 대상이나 유목민들은 포도 재배와 양조업을 부업으로 삼을 수도 있었고, 그들의 본업으로 대체하기도 했는데 유다에 대한 축복(창 49:11)에서 바로 그러한 구절을 찾을 수 있다.

> 그의 나귀를 포도나무에 매며
> 그 암나귀 새끼를 아름다운 포도나무에 맬 것이며
> 또 그 옷을 포도주에 빨며
> 그 복장을 포도즙에 빨리도다.

야곱의 축복이 전체적으로 BC 11세기 말 이전은 아니지만 이 구절은 첫 두 시구(bicolon)에 어린 당나귀를 묘사하는 세 마디 말이 마리(Mari)사본에 따르면 북메소포타미아 지파들이 조약을 엄숙히 체결하면서 희생제로 드렸던 당나귀를 묘사하는 데 사용한 세 마디 말과 일치하기 때문에 훨씬 이전의 것이다. 이 말들은 똑같을 뿐 아니라 같은 순서로 배열되어 있다. 또 다른 고어는 '포도'라는 말과 평행구를 이루며, 우가릿어에서 '포도주'와 평행구로 사용된 '나무의 진액'이라는 표현은 여기서 '포도즙'이라는 고대어와 놀랍게 일치한다.

힉소스가 전래한 가나안인의 신인 바알, 흐론(Horon), 레셉(Resheph), 그리고 아스다롯(Astarte), 아낫과 아세라(히브리어로 코데쉬라고 불렸던) 등의 숭배는 모세의 시대(BC 13세기)에서 절정을 이

룰 때까지 꽤 꾸준히 증가해 갔다. [32]

　　　북애굽의 애굽화된 셈족의 언어와 종교에 대한 직접적인 정보는 서쪽 시내 반도의 세라빗 엘카딤(Serabit el-Khadim)에서도 나온다. 여기서 플린더 페트리(Flinder Petrie)는 1905년에 다수의 고대 알파벳 비문을 발견했고, 1915년에 알랜 가디너(Alan Gadiner)가 부분적으로 해독해 냈다. 이외에도 다른 비문이 더 많이 있는데 1948년에[33] 필자는 페트리가 추정한 1500년경이라는 것을 수정할 만한 새 증거를 제시하면서, 실제적으로 해독하는 데 성공했다. 1957년에는 1948년의 해독을 계속 진척하여 만족스런 결과를 얻었고, 이 수정된 해독은 라기스(Lachish)에서 발견되어 1958년에 올가 투프넬(Olga Tufnell)이 출간한 작은 각기둥 모양의 발견물로써 확증되었다.[34] 이 각기둥은 문자 형태가 사실상 일치하고 아메노피스 2세 때(약 1436-1420년경)의 것으로 추정되므로, 기본적인 해석과 연대를 다 진술해 준다.

　　　이 여러 비문에서 저자들은 사실상 남(南)가나안어와 동등한 북서 셈어 방언으로 썼는데 흥미롭게 우가릿어와 좀 흡사하기도 하다. 그리고 그 대부분은 모세 이전 시대를 재현하고 히브리 이전에 잘 어울린다. 그들은 애굽에서 아주 오래 살아서 그들이 믿는 신마저 부분적으로 애굽화 되었다.

　　　예를 들어 엘(El)이라는 신은 위대한 창조신인 멤피스의 프타(Ptah)와 일치하고 바알랏(Baalath)은 하돌(Hathor)과 마찬가지이다. 좀 덜 알려진 신으로서는 특히 멤피스와 동쪽 델타에서 숭배된 '포도주 신'(wine press)인데, 애굽의 신인 쉐스무(Shesmu)를 가리킨다. 이 신을 특별히 포도주 신이라고 하는 이유는 '포도즙 짜는 기구'를 뜻하는 상형문자로 기록된 까닭이고, 일찍이 BC 24세기에 죽은 왕

---

32) *From the Stone Age to Christianity*, 1957 ed., 212, 223 이하 참조; *Bull. Am. Sch. Or. Res.*, No. 84, pp. 7-11.

33) *Bull. Am. Sch. Or. Res.*, No. 110, pp. 6 이하.

34) *Lachish Ⅳ: The Bronze Age*, Pls. 37 and 38, No. 295.

에게 포도주를 가져다 주었다는 전설이 있기 때문이다. 프타(Ptah)를 두-기티(Dhu-gitti; 더 이른 초기의 시내 비문에는 두-긴티〈Dhu-ginti〉라고 쓰였다)라고 특색 있게 명명한 라гs의 각기둥에서 보듯 14세기까지 셈족은 이 '포도주 신'을 자신들의 엘(El)이라고 하였다. 또한 애굽의 신 오시리스(Osiris)와 아누비스(Anubis)는 각각 '초원의 신'과 '이리(Jackals) 신'을 뜻하는 듯하다. 또한 '뱀 신'인 여신 아세라(Asherah)는 '거룩'이라는 뜻의 쿠드슈(Qudshu)라고 불리기도 했으며 손을 뻗쳐 뱀을 휘두르는 모습을 하고 있다. 쿠드슈는 이미 애굽의 가장 대중적인 여신 중의 하나였다. 이제까지 발견된 30여 개의 비문 중에서 6개가 애굽의 상징물을 나타내고 있으므로 애굽의 영향이 꽤 있었던 것이다. 특히 히브리 신들은 14세기 말에 어떤 하층 관원의 이름에 나오듯이 '사데암미(Sadde-'armmi)'라고 하였는데 후기 히브리어 발음으로는 '샤데암미(Shadde-'ammi)'이다.[35]

히브리 전승에서 족장의 신인 샤다이는 일반적으로 '산신(山神)'으로 불렸는데 모세 시대에 이스라엘의 주(主)신이었고,[36] 모세 시대에 살았던 이스라엘 사람 세 명의 이름에도 들어 있는 사실을 들 수 있다. 이 이름 중 하나는 (역순으로) 사데암미라고 하는데 아마 모세보다 늙은 동시대의 히브리인인 듯하다. 약 두 세대 전에는 인종적으로 히브리인이나 팔레스타인의 애굽 고위 관리였던 얀하무(Yan-hamu)란 사람도 있었다.

약 1300년경에는 문화적으로나 종교적으로 발판이 마련되어 모세와 같은 영웅적인 인물이 나타나게 되었다. 모세 자신의 이름도 애굽

---

35) 나는 이 명칭을 곧 다루려고 한다. 이 명칭은 페트리(Petrie)가 발굴한 BC 14세기의 작은 상(像)에 쓰여 있는데(그의 Kahun, Gurob, Hawara, p. 24을 보라), 1910년에 불하르트(Burhardt)가 확인하였다(나의 새왕국 비문에 대한 음성학적 연구로도 놀랍게 확증되었다).

36) 나의 토론으로는 *Jour. Bib. Lit.*, LIV(1935), pp. 180-193; M. Weippert, *Zeits. Deutsch. Morg. Ces.*, GXI(1961), pp. 42-62. 나의 본래의 견해를 지지하는 미간행의 많은 자료들이 있다.

식인데 나중 이스라엘식으로 약간 고친 것이고, 그의 친척 중에는 비느하스, 홉니, 므라리 등 애굽식 이름을 가진 자들이 얼마든지 있었다.[37] 당시는 애굽과 팔레스타인이 약 7세기 동안이나 정치 문화적 접촉을 가진 이후라 애굽에는 수천 수만의 셈족인 노예, 농노, 상인, 귀족들이 있었고, 팔레스타인과 페니키아에도 수천의 애굽 사람들이 있었다. 이미 본 대로 가나안의 신이 애굽의 신으로 전수되기도 하고(가나안어와 히브리어 등) 셈어 수백 단어가 당시의 애굽어 문학에 나타나고 있으며, 특히 13세기에는 모든 문학에 셈어가 튀어나온다. 이러한 이중 언어 사용은 고센(Goshen) 땅 인근에 있는 라암셋의 수도 타니스에서 두드러졌다. 당시 팔레스타인에서는 네 가지 유형 이상의 문자로써 가나안어를 기록했고 지식층의 서기관들은 당시 고대 근동 전체의 상용어인 아카드어를 사용하였다. 따라서 모세는 분명히 (당시 가나안어의 방언에 불과한) 히브리어뿐 아니라, 애굽어나 가나안어를 모두 구사하였을 것이다. 더욱이 그는 애굽의 수도인 타니스를 중심으로 전체 세계를 꿰뚫고 있었다.

　　세토스 1세가 시작한 타니스 재건은 그의 아들인 출애굽기의 바로왕, 라암셋 2세에 의해 계속되었는데, 그는 타니스를 '라암셋의 집'이라고 불렀다(라암셋, 출 1:11; cf. 창 47:11—여기서 '라암셋의 땅'은 시 78:12, 43의 '타니스 평원'과 같은 지역이다).[38] 그곳은 애굽의 수도이고 수리아를 향한 애굽의 전진 기지였으므로 애굽의 어떤 서기관은 타니스를 "외국 각 나라의 전선(前線)이요 애굽의 끝"이라고 정당하게 불렀던 것이다. 그는 계속해서 이 도시의 웅장한 건물들의 아름다움을 묘사하며 외국 땅의 군사적 요충지로서 전차의 말들이 검시를 받고, 보병들이 주둔해 있었으며, 군함들이 정박해 있었던 것으로 말하고 있다. 팔레스타인의 벧산(Beth-shan)에서 발견된 BC 1281년경으로 추

---

37) Meek, *Am. Jour. Sem. Lang.*, LVI(1939), 113-120. 참조.

38) 타니스를 라암셋과 같은 것으로 보는 견해로는 Montet, *Géographie de l' Égypte ancienne*, I, pp. 192 이하.

정되는 석판은 "그(라암셋 2세)가 아시아 사람들을 물리쳐 어디서나 일어났던 전쟁을 평정케 하였으며, 원하는 사람은 누구나 위대한 승리의 영웅 라암셋의 집, 생명과 번영의 요람에 겸손히 올 수 있었다"고 말하고 있다."39)

BC 14세기와 13세기의 애굽 종교는 현존하는 풍부한 비문과 기념비적인 유물들 때문에 어떤 다른 시기보다도 더 잘 알려져 있다. 14세기 초에는 애굽 더베(Thebes)의 신인 아문(Amun)의 사제들이 압도했는데 이 신의 혼합주의적 모습은 헬리오 폴리스(히브리어로는 온 〈On〉—요셉 부인의 고향)의 리(Re) 같은 아주 중요한 신들을 흡수해서 애굽의 어떤 다른 신들보다 더 큰 비중을 차지하게 되었다. 사실상, 바로 이 당시에 아문-리(Amun-Re)는 하늘과 땅의 조성자요 인류의 창조자로서 그리고 다른 모든 신들의 아버지로서 송가(頌歌)에서도 추앙되었다. BC 1365년경 젊은 아메노피스 4세(약 1370-1353년)는 분명히 그의 유별난 모친의 영향으로 신원 불명의 간언자를 따라 아문(Amun) 종교와 완전히 결별하고 태양을 유일신으로 하는 아텐(Aten)을 섬겼다. 약 15년 이상 이러한 이단적인 유일신 숭배가 애굽을 휩쓸고 이전의 다신교는 폭력적으로 억압되어 후의 애굽 사람들은 이 젊은 왕을 '아크타튼(Akhetaten: 텔 엘 아마르나에 있는 그의 도시명)의 범죄자'로서 기억케 되었다. 어떤 학자들은 심하게 모세의 유일신 사상을 아텐(Aten) 종교와 연결시키기도 하지만, 간접적인 연관성은 있을 수 있다.40) 먼저 북애굽 사람들은 아문 제사장들의 조직적인 폭정에 상심해 있었으므로 아크나튼이 죽은 다음에 아문을 부활시키려 하지 않았다. 둘째로 13세기에서 나온 긴 송가(頌歌)들에 보면 아문 종교 자체가 이미 이전 2세기 동안 혼합주의와 보편주의 경향을 띠어서 문체나 어휘

---

39) Alan Rowe, *The Topography and History of Beth-Shan*, p. 34, and Wilson, *ANET*, p. 255 참조.

40) *From the Stone Age to Christianity*, 1957 ed., pp. 218 이하, pp. 269 이하 참조.

에 있어서 아마르나의 많은 무덤에서 나온 송가들과 종종 비슷하다.[41]

아텐 종교와 모세 신앙 사이의 명확히 공통적인 사상 몇 가지로는 철저한 유일신 사상과(출 20:3에서 이스라엘의 하나님같이 아텐은 '그밖에 없는 신'이었음), '교육'에 대한 강조점(이스라엘의 '토라'와 비슷) 및 부단한 유일신 창조자(야웨와 같이 아텐은 '만물의 창조자')라는 사상이다. 반면에 기본적으로, 특히 윤리에 있어서는 애굽의 이단적 아텐 종교와 모세의 유일신 사상에는 많은 다른 점이 있다. 이러한 커다란 차이점으로 말미암아 모세의 종교는 아마르나의 이기적인 감상적 종교와는 비교가 안 되게 인간을 감동시키기에 더 적절한 것이었다.

아텐 이교(異敎)의 몰락 후, 두 세대 후에 모세가 성장한 라암셋의 사회는 위에서 언급한 대로 당시까지의 고대 세계 중에서 가장 국제적인 모습을 띠었다. 종교는 균등하게 다양했고 그 수도 자체에서만도 가나안의 신인 바알과 호론 및 여신 아낫, 아스다롯이 애굽의 신들인 세트(Seth), 호루스(Horus), 네프다이스(Nephthys) 및 이시스(Isis)와 나란히 숭배되었다. 또한 여러 가지 가나안 신화가 애굽식으로 각색되기도 했다. 이 당시의 주술적인 문학은 셈족의 주문과 신화로 가득 차 있다. 당시의 가나안도 마찬가지로 도처에 애굽식의 사원과 제단이 있었고, 멤피스의 장인신(匠人神)인 프타(Ptah)는 코샬(Koshar)과, 하돌(Hathor)은 비블로스의 바알랏(Baalath)과 일치하였다.

그러나 모세의 어린 시절 종교적인 면목을 보면 전체적으로 반항적이었던 것만 같다.

경건한 이스라엘인이 아주 비도덕적으로 여겼던 가나안인의 관습은 결국 종교적인 것이었다. 창녀와 창남이 모두 만연하고 있었고 각종 악한 의식이 여러 가지 '직업'이란 미명하에 자행되었다. (동성연애

---

41) Ibid., p. 223; A. H. Gardiner, *Hieratic Papyri in the British Museum*, Third Series, I, pp. 28-37; Adolf Erman, "Der Leidener Amonshymnus," *Sitz. Preuss. Akad. Wiss*(1923); Wilson, *ANET*, pp. 368 이하, pp. 371 이하.

자를 뜻하는) 시내두스(Cinaedus)는 가나안의 사원에서 커다란 길드를 형성하고 있었고, 특히 불경건한 주술에 맞춰 춤추고 노래하는 그룹들도 있었다. 뱀 숭배와 인신 제사까지 횡행하였고, '창조의 여신'(아세라)은 가나안과 애굽 모두에서 '거룩'이라고 불리며 나체의 아름다운 창녀 모습을 하고 있었다. 가나안인의 주요한 다른 두 여신인 아낫(Anath)과 아스탈트(Astarte, 히브리어는 아스다롯〈Ashtaroth〉)는 '임신은 했으나 출산하지 않는 여신들'이라고 하고, 아낫은 '처녀신'이라고 보통 불려졌으면서도 바알에 의해 강간을 당했다는 것이 가나안 신화의 단골 주제이다. 아낫은 종마(種馬)에 나체로 걸터앉아 창을 휘두르는 모습을 하고 있다. 가나안 문학에서 아낫은 굉장히 잔인한 장면에 잘 나오곤 한다.[42]

애굽인에 있어 종교라는 것은 상당히 고차원적인 것이어서 일상적인 눈요기의 대상이 결코 아니었다. 당시의 가나안에서는 별로 중요치 않던 동물 숭배도 애굽에서는 도처에서 행해졌다. 애굽의 신화는 조야한 것이 많은데, 예를 들어 창조는 창조의 신이 지나친 성행위를 해서 이루어진 결과이다. 더욱이 애굽에서 종교와 윤리의 관계는 2천 년대 초부터 아주 타락하였는데 잘못된 장례 의식과 신앙이 급속도로 퍼지며 부수적인 타락을 가져온 때문이다.

BC 15세기쯤 해서 제국의 초기에는 왕에게 한정되었고 중기 때에는 귀족들에게 확산된 시체 매장 의식은 돈이 있는 사람은 누구나 다 하게 되었고, 사자(死者) 명부나 관계된 기록을 보면 모세 시대의 장례 의식을 알 수 있다. 부정적 고백서(Negative confession)[43]의 꽤 높은 윤리 기준과 오시리스의 심판에 반하여, 사후의 여정에 필요하다고 하는 모든 주문과 마술적 지침을 예비하고 적당하게 장사키 위해 모든 재산을 허비하면 내세에 행복하다고 하여, 국가적으로 재산과 부를 허비

---

42) *Archaeology and the Religion of Israel*, pp. 77, 86. Marvin Pope, *Wörterbuch der Mythologie* I, 2, pp. 235-241 참조.

43) Wilson, *ANET*, pp. 34 이하.

하면서까지 사체에 값비싼 향유를 바르고 돈이 많이 드는 절차를 행할 뿐 아니라, 무덤을 세우고 잇따라 투자하는 데 너무 많은 비용을 허비하여서 모세 시대에 애굽 전체가 어떤 국면에 놓였었는지는 추측이 간다. 따라서 모세의 새로운 신앙이 이러한 각종 종교적 행음과 인신제사, 주술, 점, 사자(死者)에 대한 장례 예식과 의식 등에 강하게 반발했던 것은 놀라운 일이 아니다.

    당시의 애굽과 가나안 종교의 타락에 대항하여 모세는 히브리 민족 자체의 단순한 전통과 출애굽 전 그의 성년 초기 생활의 많은 부분을 보냈던 유목민들의 엄격한 성적(性的) 규정으로부터 영감을 받았다. (아마르나의 예나 우리가 직접 알 수 없는 실패로 돌아간 다른 종교 개혁적인 시도와 같이) 모든 신화를 배격하고 모세는 전통적인 신의 이름을 보존하였는데 이제 그 신을 야웨라는 새로운 모습으로 인식하게 되었다. 이 야웨라는 칭호는 모세보다 더 오래된 것일 수 있지만, 그 이전에는 어떤 중요성을 띠지 못한 것이었다. 발람의 예언[44] 같은 초기 이스라엘의 시가에 나오는 신의 명칭 중에는 ('강한 자'라는) 엘(El), (왕중 왕이고 거대한 폭풍의 신으로 가나안인들이 바알에 대해서 사용하며 '고귀한 신'이란 뜻의) 엘리온(Elyon) 혹은 엘리(Eli)[45] 그리고 (산을 뜻하는) 술(Zur)과 샤다이(Shaddai: 위의 설명 참조) 등이 있다. 가나안 사람들은 종종 '신의 총체'를 가리킬 때 '신'을 뜻하는 엘(el)의 복수형을 사용했는데(예를 들어 아마르나 문서) 이스라엘도 하나님의 통일성과 우주성을 강조하면서 복수형인 엘로힘(Elohim)을 사용했다. 오경에 보면 상당한 부피의 사회법과 제의적인 규례가 나온다. 이 율법과 규례는 여러 복잡한 자료에서 나왔음을 보여주는 상이한 용어로 표현되어 있다. 즉 모두가 비교적 이르고 다양한 시대에 속한 문

---

44) 나의 논문을 볼 것, *Jour. Bib. Lit.*, LXIII(1944), pp. 207-233.
45) 엘론(Elyon)에 대해서는 Levi della Vida, *Jour. Bib. Lit.*, 63(1944), pp. 1-9; M. Pope, op. cit., I, 2, pp. 283 이하를, 엘리(Eli)에 관해서는 M. Dahood, *Theol. Stud.*, XIV(1953), pp. 452 이하를 참조하라.

서에 보존되어 온 것이다. 그러나 기본적으로 문화나 종교적 배경에 있어서 유사한 점이 있으므로 그것들의 기원은 이스라엘의 조직적인 유일신론의 시작이 바로 모세에게서 기인한다는 것을 추적할 수 있다. 제의적인 법이 전혀 성전을 언급하지 않는 반면에 사회법들은 왕조가 시작되어 왕이 관장들을 임명하던 이전의 시대를 나타낸다. 더욱이 최근의 연구에서는 출애굽기 21-23장의 계약법전이 BC 2100년에서 1100년의 기간에 속하는 앗수르와 힛타이트의 비슷한 율법인 우르-남무(Ur-Nammu), 리핏-이슈탈(Lipit-Ishtar), 에슈눈나(Eshnunna) 및 함무라비 법전보다 훨씬 이전에 이루어진 히브리의 유사한 법이라는 것이 확실해졌다.[46]

구약의 계약 율법은 족장 유형의 단순한 관습이 이행되던 농경사회를 반영하고, 이러한 점에서 귀족이 천민에게 죄를 범했을 때 체형 대신 벌금을 지불하면 되었던 바벨론이나 힛타이트의 귀족 위주의 봉건 제도와 매우 다르다. 또한 극도의 도시 문명 속에서 전통적인 사회 관습을 유지하기 위하여 단일하고 가혹한 체제를 시도한 중세 앗수르 법보다는 훨씬 인도주의적이다. 어쨌든 계약법전이 그 제정이나 법률 용어에 있어 어느 정도 가나안의 영향이 있었고, 그 대다수의 기원이 궁극적으로 메소포타미아라고 해도 그 세부 사항이나 정신에 있어서는 가나안의 법 체계를 반영한다. 히브리 법조항의 표준 골격은 초기 바벨론과 앗수르 및 힛타이트의 모든 법에서도 아주 잘 나오는 "만약…면…그 경우에는" 등의 조건부이다.

---

46) 헬라법의 놀라운 사례로서 어떻게 원전에서 한 묶음의 법이 다른 것은 다 분실되었는데도 잔존케 되었는지를 알 수 있다(지금 알려진 것으로는 출 21-23장과 기타 단편적인 것들이다). 사우스 웨스턴 대학(Meraphis)의 존 H. 켄트(John H. kent) 교수는 드라코(Draco)의 아테네 법전(약 BC 621년) 중 아직까지 유일하게 남아있는 법전 뭉치는 409-408년에 재현되고 당시에 돌에 새겨진 살인에 대한 일군의 법들이라고 한다. 볼 것은 Bonner and Smith, *The Administration of Justice from Homer to Aristotle*, I, pp. 110; *passim*. 그 밖의 여러 법전에 대해선 *ANET*, pp. 159-197.

제사장 법전(Priestly Code)에서도 비슷한 현상이 나타나는데, 미슈나의 상응하는 부분에 헤롯 성전에서 행한 의식에 대한 전통적 견해가 기술되어 있는 것과 같고, 또한 솔로몬 성전 이전 시대 전승에 의해 전해진 것과 같은 성막의 희생 제의와 의식이 그 안에 풍부히 담겨 있다. 이 제의 중 얼만큼이 모세 시대에서 온 것인지 현재 우리가 아는 지식으로는 추측하기 힘드나 세부 사항 중 상당수와 전체에 흐르는 사상은 가나안 정복 이전 시대, 즉 모세 시대에서 온 것이다.

여기서 알브레히트 알트(Albrecht Alt)는 아주 중요한 사실을 발견하여 공헌을 했다. 특별히 이스라엘적이고 이스라엘 초기 시대인 모세의 시대에 소급되는 사회법과 제의 율례에 공통적인 기본요소가 있는데 이 특정한 요소는[47] 절대 규범(apodi-tic legislation)이라는 것이다. 그 가장 좋은 예가 십계명인데 조건이 없이 '하라(하지 말라)'의 명령형으로 되어 있다. 오경의 이러한 절대적 율법은 아주 고매한 윤리적 기준을 갖춘 유일신 사상 체계를 반영한다. 그렇다고 이러한 형태의 법규가 모세 시대의 것이란 말은 아니다. 구전으로 오랫동안 전해 내려오다가 여러 세기에 걸쳐 문자화되었는데 비교적 원시적인 명령들은 더 진보한 사회에 맞게 고쳐졌다.

하지만 모세는 출애굽과 광야 방황의 전승을 완전히 주도하고 있기 때문에 그러한 사건을 모세가 주선한 것이 아닌, 유목민 지파들이 일반적으로 대체해서 이룬 움직임으로 보는 것은 불가능하다. 그보다는 전승에 생생하게 묘사되어 있는 대로 모세의 탁월한 영도력과 일련의 특이한 사건으로써 그 추종자들이 애굽의 압제자에게서 도망하여 광야로 나가게 된 것이다. 북동 델타 지역에서 여러 세대가 지난 다음에 히브리 농부와 목양자들은 힘든 강제 부역에 익숙해졌고 세토스 1세와 그의 아들이 자기들의 국가를 위해 새 수도 주위 지역에 있는 풍부한 노

---

47) Alt, "URsprünge des israelitischen Rechts," *Kleine Schriften*, I, pp. 278-332. 더 이른 힛타이트족의 유사물로서는 G. E. Mendenhall, *Law and Covenant in Isral and the Ancient Near East*, pp. 6 이하를 참조하라.

동력을 잃지 않으면서도 분명히 셈족의 영향력을 감소시키려 했으므로 그들은 그와 같은 대우를 감수해야만 했던 것이다. 하지만 그렇더라도 자유를 찾아서 시내산 반도의 보다 더 위험한 지역을 통과해야 하는 모험이 그들에게는 크게 마음에 내키지 않았다. 다행히 모세의 영도력이 압도하고 모든 하층 계급의 노예와 농노(히브리어의 아사프수프〈asafsuf〉와 에레브랩〈erebrab〉) 그룹이 이스라엘의 지파를 형성하여 새로운 민족을 이루고 세계 역사상 유례를 찾아볼 수 없는 새로운 신앙과 각오로 무장한 것이다.

홍해나 애굽의 전진 기지 및 위협 등 난항이 있었지만 성공적으로 피신한 모세의 추종 세력은 광야로 나가게 되었다. 약 한 세대('40년') 동안 광야와 요단강 저편을 방황하는 세부 사항에 대해서도 여러 가지 오래된 전승이 있으나 정확하게 사건의 순서를 재구성하기는 힘들다. 그러나 몇 가지 명확한 것은 모세가 그의 추종자들을 조직하고 훈련시키는 데 큰 어려움을 겪었다는 것과,[48] 이스라엘 기지가 가데스바네아에 있었을 때 가나안의 최남단에 있었던 이방 세력의 침입이 있었으나 실패로 돌아가고, 이 때문에 이스라엘이 여러 년 후퇴하기도 했다는 것이다.

남가나안의 영토는 유목민인 아말렉이 점령하고 있었고 세일과 모압의 기름진 영토는 정착중이었고 전통적으로 이스라엘과 관련된 부족들이 차지하고 있었기 때문에 이스라엘은 땅이 없어 심각한 어려움을 겪었다. 더구나 그들은 나귀와 양과 염소떼를 거느리고 있었기 때문에 가데스의 오아시스와 같은 물 근처에 머물러야만 했다. 따라서 이스라엘이 가나안 남단의 강한 요새 지대를 뚫고 나가기에는 역부족이었으므로 에돔과 모압을 지나쳐 훨씬 더 사정이 용이한 요단 저편으로 가게 된 것이다. 또한 당시 형편으로 나중의 길르앗과 암몬을 포함하는 아모리인의 땅은 충분한 정착이 이루어지지 않아 큰 땅덩어리 위에 여기저

---

48) *Jour. Bib. Lit.*, LXIII(1944), pp. 227 이하 참조.

기 조그만 도시들이 산재해 있었다. 특히 이 넓은 요새 지역의 서부는 농업에 알맞은 길르앗 산지인데 아직 전체가 허허벌판이었다. 이스라엘이 처음 정착하여 가나안의 침입 전에 확고히 나라를 세운 곳은 바로 이 지역이었다.[49] 그리고 바로 이곳에서 모세가 그의 권력의 정점에서 세상을 떠난 것이다. "그 눈이 흐리지 아니하였고 기력이 쇠하지 아니하였더라."(신 34:7)

모세의 생애에 대해 만족스러운 전기 자료가 있는 것도 아니고, 출애굽 역사도 마찬가지이지만 일반적으로 추측되는 것보다는 훨씬 많은 증거가 있다. 가장 오래된 정보는 운문 양식에 혹은 본래 시였던 산문에 보통 보존되어 있다(BC 2천 년의 전반부에 페니키아와 그 변경 지역에서 대부분 구어체로 지어진). 우가릿의 서사시와 짧은 종교적 송가 덕분에 초기 이스라엘 시문학의 역사적 배경을 알 수 있다. 내적인 증거에 따른 문체 양식을 다른 시대의 것과 주의 깊게 비교해 보면, 출애굽기 15장의 미리암의 노래는 모든 히브리 시 중에서 가장 오래된 것임을 알 수 있고, (BC 12세기 중간이나 말의) 드보라의 노래는 문체로 본다면 확실히 더 후기의 것이다.

발람의 예언은 그 사이에 속한 것이나 부분적으로 다른 문체적 전승을 보여준다. 출애굽기와 민수기에 나오는 많은 운문체의 인용이나 회고담은 그것을 둘러싸고 있는 산문 기사 전승이 아주 오래된 것임을 나타낸다. 따라서 아주 고대적이고 시적인 내용에 근거해서만 모세 전승의 본질적 역사성을 확증할 수 있다.

현대의 대부분 학자들은 의아스럽게도 (드보라의 노래와 주로 신명기에 있는 몇몇 단편적인 시를 제외하고서는) 여전히 구약의 시가 산문 기사만큼 오래된 것이 아니라고 한다. 이러한 견해는 이스라엘 이외의 고대 세계에서는 산문과 운문이 있는 언어에서 산문이 운문보다는 항상 나중에 쓰였다는 잘 알려진 사실과 직접적으로 맞닥뜨려진다. 이

---

49) A Bergman, *Jour. Pal. Or. Soc*(1936), pp. 224-254 참조.

미 본 대로 문체상의 증거는 역사상 사실과 부합하고, 구약의 시들을 변함없이 가능한 늦은 시대로 잡으려고 하는 비평 학자들에게 정당한 증거 제시가 요구되는 것이다.

예를 들어 20여 년 전에 출판된 표준적인 구약 개론서[50]는 미리암의 노래(출 15:1-18)를 BC 5세기 말의 것이라고 하고 (승전가의 제목으로서 15:1과 한 쌍을 이루는 것뿐인),[51] 15:21의 경우나 초기 시대의 것으로 인정하고 있다. 하지만 앞서 본 대로 이 저작은 문체상에서(어휘나 문법에 있어서도 마찬가지로) 구약의 어떤 시보다 모세 이전 시대에 가깝다. 그러나 이 개론서에 따르면 이 시의 저자가 15:17에서 '516년에 완성된 두번째 성전'을 가리킨다는 것이다.

"주께서 백성을 인도하사
그들을 주의 기업의 산에 심으시리이다."

하지만 우가릿의 바알 서사시에서도 마찬가지로 바알이 자폰(Zaphon) 산을 '나의 기업의 산'이라고 명명한다. 우가릿 본문에서 자폰은 분명히 가나안의 성산(聖山)인 카시우스(Casius) 산을 말하는 것이다.[52] 여기서 같은 '기업'이라는 말이 나오고 그 다음에 나오는 구절도 표현과 배열에 있어서 아주 흡사한 점이 여러 가지이다. 그러므로 이러한 반증을 통하여서도 미리암의 노래를 여덟 세기나 더 늦추는 것은 가당치 않고 터무니없다.

시뿐 아니라 산문 전승도 필자가 1954년에 지적한 대로 아주

---

50) R. H. Pfeiffer, *Introduction to the Old Testament*(1941), p. 281.
51) *Heb. Un. Coll. Annual*, XXIII, i(1950-51), pp. 7 이하, n. 17 참조.
52) *Festschrift für A. Bertholet*(1950), pp. 1 이하. 참조. Psa. 48:2 이하 참조. 여기에서 '위대한 왕의 도시, 북편'에 있는 산이란, 완전한 유일신적인 이스라엘의 문맥에서도 바알의 보좌가 있는 카시우스(Casius) 산을 말한다. 시편의 여러 곳에서처럼 고대의 형상(imagery)이 비신화화된 것이다.

오래된 것이 많은데 그중 한 가지가 출애굽기 1:15이다. 여기에 나오는 산파인 십브라와 부아라는 이름은 아주 고대의 것인데, 현대 학자들이 종종 부정하고 있으나 이 두 이름 모두 BC 2천 년대의 북서 셈족의 여자 이름에 나오고 있다. 하나는 18세기이고, 다른 하나는 14세기이다.[53]

    이러한 세부적인 것이 한편으론 하찮을 수도 있으나 두 이름 다 확실히 아주 고대 이름이고, 따라서 산파에 대한 이야기도 아주 오래된 것임을 입증하는 셈이다.

---

53) *Jour. Am. Or. Soc.*, 74 (1954), p. 233 참조.

제 3 장

팔레스타인의 정복

　　　　1930년 이후로는 우리가 다룰 수 있는 자료가 현격히 증가하였으므로 히브리인의 정복 당시 가나안의 역사와 문명에 대한 모습이 전보다 훨씬 확실해졌다. 가사(Gaza) 남쪽의 애굽 변방 지역에서 안디옥 남서부 해안의 우가릿 북쪽 경계에 이르는 팔레스타인과 수리아의 전체 해안 지역이 가나안 문화권에 속했던 것이다. 동쪽의 국경은 유동적이었고 언어와 문화가 거의 차이가 없어 이름을 분간하기도 힘든 가나안인과 아모리인 사이에는 많은 혼잡이 있었다.

　　　　본래 '가나안'이란 말은 보랏빛 땅인 페니키아 영토를 대부분 지칭하는 것이었고, '아모리인'이란 '서부인'이라고 하는 북서 셈족 전체를 가리키는 것으로서 메소포타미아에서 일반적으로 사용되었다. 후에 '가나안'은 남부와 동부까지 포함케 되었고, '아모르'(Amor=Amuru)는 나중의 작은 국가들의 모체가 되었던 동부 수리아 지역을 가리키는 말로 서부에서 통용되었다. '가나안'의 종교와 문자의 고등 문화는 지중해 동부 연안의 오랜 전통으로 거슬러 올라가는 반면 '아모리'의 고등 문화는 수메르 아카드 문명에 큰 영향을 받았다.

　　　　이스라엘이 정복할 당시 서부 팔레스타인은 수세기 동안 애굽의 지배하에 있었다. BC 2000년경부터 보통 애굽에 의존해 있었으나 18세기는 애굽의 왕조가 약화되어 실제 영향력을 행사할 수 없었다. 이

세기 말쯤에 북서 셈족 지파가 북애굽을 점령하였고 일시적인 셈족 제국이 후에 타니스(Tanis, 히브리어로는 소안〈Zoan〉)라고 불린 아바리스(Avaris)에 수도를 정하고 세웠다.[54] 아모시스(Amosis)가 힉소스에서 퇴각한 후에(약 BC 1550년경) 애굽 본토인 바로가 팔레스타인과 수리아의 힉소스 유산을 상속했다. 반란도 잦았지만 항상 실패로 돌아갔다. 애굽의 관료와 애굽의 노예로 구성된 주둔자의 심한 압박 속에 어려움을 겪었으며 지난 35년간의 고고학적 발굴이 보여주는 대로 예술에 있어서도 하강 곡선을 긋고 있었다.[55] 왕의 과대한 요구를 모든 계층의 애굽 관원들은 더 부풀리어 공직에 있는 동안 치부하곤 했다. 더욱이 무능한 행정과 부패로 그 지역 치안을 담당하고 있던 누비안(Nubian)과 다른 노예 군대의 보급 물자가 끊겨서, 그들도 살기 위해 약탈이나 강도질에 의존하곤 했다. 당시의 애굽과 설형문자 문서에 보면 이러한 상황이 생생하게 그려져 있다.

      이 지역의 부와 주거민들의 도덕의식이 난폭한 외국의 섭정에 의해 차차 고갈되어 가면서 애굽의 감시하에 자기 고토에 계속 살아온 가나안의 군주는 세력은 약화되었으나 수적으로는 증가했다. 아마르나 석판의 시대(약 BC 1380-1350년)와 이스라엘이 여호수아의 영도하에 가나안을 본격적으로 정복하는 단계 사이만 해도 남팔레스타인 지역의 자치적인 군주(여호수아서에서와 똑같이 아마르나 석판에서는 종종 '왕'으로 칭해지기도 한다)는 두 배로 증가했다. 고고학적 탐사에 의하면(예, 데빌〈Debir〉, 에글론〈Eglon〉), 여호수아 시대의 가나안 '도시 왕국' 몇몇은 아마르나 시대에는 전혀 다른 역할을 맡고 있었다. 또한 큰 도시에서 작은 지역으로 흩어지는 경향이 있었는데 이는 부분적으로 애굽 정부와 가나안 토착민 군주의 통제를 피하려는 것과 저수지 시설이 개발되어 (강이나 샘의) 물과 멀리 떨어진 지역에서도 정착이 가능

---

54) Montet, *Le drame d'Avaris*(Paris, 1941), 연대에 대한 내 자신의 언급으로는 *Bull. Am. Sch. Or. Res.*, No. 99, pp. 13 이하와 위의 주 38을 참조.

55) 나의 설명은 *The Archaeology of Palestine*(1960), pp. 106 이하.

했기 때문이었다.

가나안의 인구는 대부분 비셈족인 혈연 대대로의 귀족층과 토지에 매여서 반 정도의 자유가 있지만 일정한 사유 재산이나 개인 권리가 있었던 쿠프슈(Kupshu) 계급으로 대별되었다.[56] 또한 상당수의 기능공이 있었는데 그들의 기술과 산업으로 외부에까지 자기 고장 명성을 떨치는 예가 있었다. 또한 많은 수의 노예 인구가 있었고, 아마르나 시대에 가나안 전지역의 특징은 애굽 비문뿐 아니라 아마르나와 팔레스타인 및 수리아의 설형문자 석판에서 하비루라고 하는 반유목민 계급이 있었다는 것이다.

하비루는 종종 계급보다는 특정한 부족을 가리킬 때도 있었으나 이 사람들은 인종적인 그룹보다는 특정 계급을 이루그 있었다. 이미 지적한 대로[57] 하비루는 원래 나귀 몰이꾼이나 행상인 및 대상이었으나 BC 18세기, 17세기에 나귀 대상이 감소하면서 다른 직업을 찾게 되었고, 그러면서 그들의 수가 크게 증가하여 종종 도적떼나 용병 대원으로 출몰하기도 했다. 한때 하비루 두목은 아주 강성하여 한편으로는 예루살렘과 그 남쪽 동맹국, 다른 한편으로는 아크르(Acre)평원의 악코(Accho)와 악샵(Achshaph)의 왕들이 공동 전선을 펴서 대적하기도 했다. 이 두목의 이름은 라바유(Labayu)로 추측되는데, 후에 팔레스타인 중부의 전(全) 산지를 장악하였다. 세겜이 그 어느 때나 항상 하비루의 관할하에 있는 것으로 언급되는 것으로 보아 세겜이 그의 수도였던 것 같다. 이 장(章)의 끝에서 살펴 보겠지만 이 하비루와 모세 이전 시대에 팔레스타인에 살던 성경의 히브리인과는 뗄 수 없는 관계에 있었다.

이미 앞에서 대강 보았으므로 가나안의 종교에 대해 여기서 다

---

56) I. Mendelsohn, *Bull. Am. Sch. Or. Res.*, No. 83, pp. 36-39; E. R. Lacheman, Ibid., No. 86, pp. 36 이하와 E. A. Speiser, *Jour. Am. Or. Soc.*, 74(1954), p. 21를 보라.

57) *Bull. Am. Sch. Or. Res.*, No. 163, pp. 53 이하 참조.

시 자세히 다룰 필요는 없겠으나 되풀이하자면 종교적인 신조나 의식이 이스라엘의 기준으로 볼 때 유치하고 저속하다. 그렇다고 해서 조직적인 사제 제도, 성전 제사, 신전이 없기 때문에 원시적이라는 것은 아니다. 정반대로(!) 1929년 이래 우가릿에서 M. 쉐퍼(M. Schaeffer)가 발굴하고 다른 데서 더 추가되고 확인된 결과 덕분에 알게 된 것은, 가나안에는 우상으로 단장된 수많은 성전과 신당, 아주 잘 짜여진 제사 제도가 있었고, 신전도 애굽이나 바벨론, 힛타이트 그리고 거의 호머 시대의 그리스의 것 이상으로 고도로 잘 짜여져 있었다. 신의 우두머리는 인간 세계에서 약간 소원한 엘 그리고 거대한 폭풍의 신으로 신중 신이며 인간의 창조자인 바알이 있었다. '바알'이라는 말은 일반적으로 '주인'을 뜻하기 때문에 다른 신들의 명칭과 함께 나오기도 하지만 독립적으로 사용될 때는 거대한 우주적인 폭풍의 신을 가리킨다.

가나안 정복의 세부 사항은 현존하는 이스라엘 전승이 다 같지 않고 성경 자료에도 꽤 차이가 있으므로 그 세부 사항을 재구성하기가 쉽지 않다. 더욱이 이스라엘 침입 시기와 당시 환경에 직접적인 조명을 해줄 만한 비문이 거의 없다. 따라서 고고학 발굴의 결과가 애매모호하기도 하고 가끔 성경의 전승과 갈등을 빚기도 하지만, 한 세대 전보다는 훨씬 나은 상태이다.

비문을 발굴하고 문헌 해석을 한 결과 필자가 판단하기에는 가나안 정복의 주요 시기가 13세기 후반이라는 것이 거의 절대적이다. 최후의 가나안 성읍이었던 텔 베잇 미르심(Tell Beit Mirsim, 아마 드빌 〈Debir〉일 것임)과 벧엘이 파괴된 것은 13세기임이 분명하다. 마지막 가나안 도시인 라기스의 멸망은 BC 1219년에 세워진 마르닙다(Marniptah) 승전 비문에 이스라엘이 애굽 군대에 의해 패한 유목민으로 지칭되기 직전인 약 BC 1220년경으로 추정된다. 어쨌든 1937년에 스타키(Starkey)가 발견한 애굽 문서에 마르닙다 아니면 단명했던 그의 두 후계자 중 한 명의 즉위 4년에 조공을 바친 것이 기록돼 있으므로 라기스가 불탄 것이 1220년이나 그 이후가 된다.

1955-58년 이가엘 야딘(Yigael Yadin)의 하솔(Hazor) 발굴로 우리의 시야가 크게 넓어졌는데, 그중에서도 이스라엘의 정복 시기에 대해서가 특히 그렇다.[58] 청동기 중기와 후기에 하솔은 성벽 안이 1000×400m에 달하는 거대한 도시였다. 원래 지역이 높은 부분은 요새지였고 북쪽으로는 저지대여서 도시를 형성하고 있었는데 청동기 중기에 쌓아올린 성에 둘러싸여 있었다. 이 저지대의 맨 위 두 지층은 고지대 요새 지역의 청동기 후기의 맨 위 두 지층과 고고학적으로 일치한다. 그리고 이 두 지층 중 밑의 것은 (후기 Helladic Ⅲ A의 기물을 포함하고 있는) 출토된 도기로 보아 14세기 후기나 13세기 초이고, 위의 지층은 13세기 중기나 후기이다. 다음에 오는 철기 시대(12-11세기)에도 두 번의 이스라엘 정복이 있었는데 고지대의 약소한 마을이나 소도시에 국한되었다. 이 중 먼저 것은 갈릴리나 여타 지역의 이스라엘이 처음 정착한 곳에서 아하로니(Aharoni)가 발견한 것과 같은 도기가 사용된 것이 특징이다.

한편 여리고 문제는 아주 다르다. 여기서는 이스라엘에 의해 멸망된 때와 아합왕 때 재점령된 사이의 4세기 동안이나 비바람으로 거의 부식된 청동기 후기의 진흙 벽돌 층이 발견되었다. 이러한 현상은 중동에서 아주 흔하다. 필자가 발굴하거나 조사한 다양한 시대의 여러 유적에서도 큰 자료는 발견되지만 그 외의 것은 다 씻겨 없어졌거나 부식되어 있었다. 앙리 프랑크포트(Henri Frankfort)가 내린 결론에 의하면 약 2천년 이상 방치되면서 동 바벨론에 있는 텔 아스말(Tell Asmar =Eshnunna)은 위에서부터 약 20피트가 부식되었다. 청동기 중기에 허물어진 거대한 벽 바깥의 저충적층과 BC 10세기의 석조 건물 기초 주위 및 청동기 중기 정도의 무덤 지역에서 14, 13세기의 도기가 발견되었으므로 이 시기에 여리고 지역에는 도시가 형성되어 있었음에 틀림

---

58) Y. Yadin, *Isr. Expl. Jour.*, 8(1958), pp. 280 이하; *Bibl. Arch.*, XXⅡ (1959), pp. 2 이하 참조.

이 없다. 필자가 발굴한 텔미르심의 상황도 마찬가지였는데, 전체적으로 14, 13세기의 성읍 주위에 특별히 건립된 벽은 없었고 청동기 중기의 손상된 벽은 파편 더미가 깨끗이 치워졌으며 청동기 후기의 정착민들에게는 방어망의 역할을 했다. 파손된 성벽 위에 있었던 외곽 가옥의 벽은 부차적으로 방어망의 구실을 했다. 사실 이것이 바로 당시의 여리고 상황이었음이 성경에도 명확히 나온다(수 2:15). 여리고에서 상당한 침식 작용이 일어났다는 것에 의구심이 생긴다면 캐들린 캐넌(Kathleen Kenyon)이 묘사한 당시 상황을 보면 된다-청동기 후기 층 아래의 청동기 중기 층도 몇몇 곳에서는 완전히 침식되어 있다.[59]

아이성의 경우는 또 다르다. 여호수아서의 기사에 보면 '벧엘 동편 벤 아웬'(Beth-aven) 가까이에 '폐허'(Ha 'ay)라고 불리는 가나안의 성읍이 있었다는데(수 7:2), 그 위치로 유일하게 가능한 곳은 1933-35년에 쥬딧 말켓 크라우스(Judith Marquet Krause)가 발굴한 거대한 엣-텔(et-Tell)지역이다. 여기서 그녀는 이제껏 팔레스타인에서 발굴된 것 중 가장 큰 청동기 시대의 도시를 발견했다. 약 BC 25세기 이전에 파괴된 것이다.[60] 벧엘과 엣-텔은 직선코스로 1.5마일 거

---

59) K. Kenyon, *Archaeology in the Holy Land* (1960), pp. 209 이하 참조(또한 G. E. Wright, *Biblical Archaeology*, pp. 78 이하를 보라). 약 BC 1325년(p. 211)으로, 후기 청동기 시대 말로 보는 케넌(Kenyon)의 연대는 비교적 이른 BC 10세기의 (참조. Wright, *Bull. Am. Sch. Or. Res.*, No. 86, pp. 32 이하) '힐라니(hillani)' 구조로 된 채색된 가나안 파편들만을 고려한 것이지 제13무덤과, 가스탱(Garstang)이 올바로 13세기로 말한 제방 바깥에서 나온 미케네(Mycenean) 문명의의 도자기나 유물을 계산한 것은 아니다(*The Story of Jericho 2nd ed.*, pp. 127 이하). 이것들은 분명히 후기 헬라딕(Helladic) Ⅲ A에 속한 것이다.

60) 이 연대는 보통 약 BC 2200년 이후가 될 수 없는 나의 이전 산정 연대보다 훨씬 이른 것이다. 이렇게 된 데에는 말쿠엣 크라우스(Judith Marquet krause; 949)가 출판한 도자기들을 거듭 연구함으로써 얻게 된 확증인데, 그 어느 것도 BC 3000년대 중반 이후일 수 없다. 벧엘에서 J. L. 켈소(J. L. Kelso)가 발굴한, 아직 미간행된 것 덕분으로 이 지역이 키르벳 케락(kirbef kerak) 기물(器物) 시대에 부분적으로 이미 정복되었다는 것을 이제 알 수 있는데, 그러한 기물이 아이에서는 발견되지 않았다.

리에 있고 후자는 전자의 남동쪽에 놓여 있으므로 아이성이 틀림없다. 필자가 오래 전에 르네 뒤소(Rene Duseaud)가 제안한 바를 수긍한 적이 있는데 (여리고 자체를 비롯한) 여러 다른 곳에서 수없이 나오는 이 벧 아웬(헬라어로는 Baithon)에 인접한 도시는 '폐허'라는 뜻의 고대의 명칭을 보존하고 있다.[61] 벧 아웬은 엣-텔의 남동쪽 1마일과 벧엘 (=Beitin)에서 직선으로 2마일에 위치해 있는 현재의 데일 두반(Deir Dubwan)인 듯하다. 필자가 어떤 다른 지역이 아이성이 아닐까 하고 샅샅이 살폈으나 엣-텔 이외에 가능성이 있는 곳은 없다. 1934년 이래 벧엘에서 이루어진 탐사 결과, BC 13세기에 가나안 민족이 이 지역을 점령했을 때와 12세기에 이스라엘이 처음 재점령했을 때 사이에는 확실한 구분이 있다.[62] 청동기 후기의 잔재물은 아주 튼튼하게 잘 지어진 성읍과 아름다운 건물들이지만 철기시대의 건물들은 엉성하고 전형적인 이스라엘 모습을 나타내는 농업 문화적인 모습이다. 가나안 벧엘의 잔재물은 이스라엘 성읍에 의해 완전히 덮여 버렸고 그 주위의 낮은 계곡의 충적된 토양이 고대 가나안의 점령 흔적을 더욱 가려서 이스라엘 어법상으로 벧엘 '안'에 있었던 '폐허'의 거대한 가나안 도시는 곧 건설될 이스라엘 도시 벧엘의 바로 전신이었던 것이다. 사사기 1:23에 나오는 벧엘의 이전 명칭이라는 '루스(Luz)'는 '피난처, 성채, 요새'라는 뜻으로 '폐허'의 다른 이름이었을 것이다.[63]

여호수아에 자주 나오는 이스라엘이 파괴치 않은 도시 둘이 있는데 그 당시에 세겜과 기브온이었다. 어니스트 라이트(G. Ernest

---

[61] *Bull. Am. Sch. Or. Res.*, No. 74, pp. 16 이하.
[62] 잠정적으로 *Bull. Am. Sch. Or. Res.*, No. 56, pp. 6 이하 참조. 필자와 J. L. 켈소(J.L. Kelso)가 1934년에 한 작업을 최근에도 켈소가 지속해 왔는데, 그는 13세기로 보게 하는 부가적인 증거를 발견했다. 마지막 보고서가 거의 출판 단계에 있다.
[63] 이 이름은 거의 분명하게 '숨다, 숨겨진' 등을 의미하는 히브리어 luz에서 왔는데, 아랍어 유사어 ladha는 '피하다, 바꾸다, 피신하다'를 뜻한다(maladh는 피난처). 휴고 빙클러(Hugo Winckler)는 이미 이러한 것을 원리적으로 인지하였다(*Geschiehte Israels*, Ⅱ, p. 65).

Wright)가 세겜에서 최근에 발굴한 것에 따르면 결론적으로 약 1300-1150년 사이와 14세기 초 및 11세기 초 사이에 파괴된 것이 없다. 세겜이 이미 부분적으로 히브리인에게 정복되었고 곧 여호수아의 정치적 활동의 중심지가 되었으므로 이러한 상황은 예기된 바이다. 후대의 이스라엘 전승에 보면 족장 시대 후기와 기드온의 아들 아비멜렉 시대에 각각 한 번씩 파괴된 적이 있을 따름이다.

최근에 제임스 B. 프릿차드(James B. Pritchard)가 기브온을 발굴했는데 주위가 튼튼한 벽으로 둘러싸였고 철기 시대에는 이스라엘 점령지였던, 아주 중요한 청동기 중기의 도시 잔재를 발견했다. 청동기 후기(BC 14-13세기)에 이 지역은 흩어져 있는 잔재와 무덤에서 보듯 별 중요한 거점이 아니었다.[64] 이러한 것은 예기된 바인데 14세기에 기브온은 이 지역에서 유일하게 방어벽이 잘 설치된 예루살렘 도시 국가의 영토 내에 있었기 때문이다. 여호수아 10:1-5에서 기브온이 이스라엘에 빌붙은 것에 대노하여 남방 산간 지방의 군주를 소집하여 기브온을 탈환하고자 했던 것은 예루살렘의 '왕'이었다. 후대의 편집자(수 10:3)가 당시 기브온의 중요성에 대해 다소 과장을 한 듯한데 분명히 이 지역의 특정한 상황과 편집자 자신 시대의 상대적 중요성에 영향을 받은 것이다.

최근에 여호수아의 역사적 중요성을 최소화해 보려는 시도가 있었지만 성공하지는 못했다.[65] 반면에 여호수아의 전승 기준으로 볼 때 여호수아의 군사적 위업이 다소 과장되었다는 것은 타당한 듯하다. 왜냐하면 다른 데서 헤브론을 점령한 것은 갈렙이고 드빌(기르얏 세벨

---

64) 이 무덤들은 여태까지 계속 *Illustrated London News*에 발표되었다. 그 파편들을 필자는 프리차드(Prischard)의 도움으로 버클리에서 볼 수 있었다.

65) 여호수아의 역사적인 역할에 대해 비교적 축소해서 보는 견해로는 Alt, "Joshua", *Kleine Schriften*, I, pp. 176-192, Noth, *The History of Israel* (1958), pp. 92 이하. 비교적 확대해서 보는 견해로는 *Bull. Am. Sch. Or. Res.*, No. 74, pp. 12 이하; G. E. Wright, *Jour. Near East. Stud.*, V(1946), pp. 105-114를 참조.

Kirjath-Sepher)은 갈렙의 사위이며 최초의 '사사'인 옷니엘이 탈취하였기 때문이다. 하지만 그렇더라도 드빌이나 벧엘 같은 가나안 도시의 몰락과 이스라엘의 재점령 사이에는 짧은 시간적 간격이 있었다는 것이 고고학적 발굴이 밝히는 바이다.

  이러므로 이스라엘의 침입은 옛날에 이미 침입해서 여러 세대 동안 살아오던 유목민이 들고 일어난 것이 아니었다. 또한 이스라엘의 가나안 정복은 현대 학자들이 종종 주장하는 것처럼 서서히 점진적으로 침입해 들어간 것도 아니었다. 하지만 모든 가나안의 도시가 한꺼번에 불타 파괴되고 모든 거민과 우양도 살해되었다고 하는 전승도 확실히 과장된 것이다. 왜냐하면 기브온이나 세겜, 헤벨, 디르사, 자폰 등의 도시는 이스라엘 지파 조직에 가담했기 때문이다. 반면에 거의 동시대의 문서에서 나오는 대로 '전부 박멸시키는' 헤렘(Herem)의 실행은 당시 이 지역에서 아주 보편적이어서, 호전적이고 사나운 이스라엘이 그러한 관습을 따르지 않았다면 더 이상할 것이다. 후대의 전승이 인지하는 대로 가나안 인구의 일부가 죽고 도주함으로 이스라엘은 그들의 새로운 신앙에 재난을 초래했을지도 모르는 문화적 흡수 과정을 모면케 된 것이다.

  의심할 바 없이 이스라엘 민족의 인구도 가나안 남쪽의 네게브에서 광야를 방황하며 남쪽 끝의 작은 요새 정도도 정복할 수 없도록 약했던 때와는 비할 수 없도록 크게 증가하였다. 모세의 종교 또한 당시의 유목민이나 반유목민에게는 크게 어필되는 선고적인 신앙이었다. 시온에서 첫 큰 승리를 거두고 난 다음에 이 새로운 신앙의 승전적인 가치에 동참하려는 많은 개종자들이 있었는데 그중에는 간략히 개종을 함으로 민수기 23-24장에 파편적인 양식으로 전해진 신탁의 저자인 수리아 선지자 발람도 있다.[66] 마찬가지의 일이 물론 서부 팔레스타인에

---

66) *Jour. Bib. Lit.*, LXIII(1944), pp. 207-233; *Bull. Am. Sch. Or. Res.*, No. 118, pp. 15 이하., n. 13.

서도 있었다. 기브온 거민의 경우는 성경 전승에 기록되었다.

더 중요한 사실은 여호수아서가 유다를 잇사갈 및 스불론과 분리하고 에브라임과 므낫세 땅 정복에 대한 자세한 전승 기사를 보존하고 있지 않다는 점이다. 성막이 머물렀던 실로, 가나안 정복 후 전통적으로 처음 이스라엘의 중심지였던 세겜, 여호수아가 은퇴한 뒤 체류했던 딤나(Timnah) 등이 모두 이 지역에 있는데 그 정복 방법에 대한 정경의 전승이 부재하다는 것은 실로 아주 충격적이다. 다른 후대의 자료에는 분명히 중부 팔레스타인 정복에 대한 전승이 나오지만 이 자료들은 몇 세기 이전 야곱의 시대에 그 정복이 있었다고 한다.

과거에는 히브리 성경에서 나중에 정복된 같은 지역을 몇몇 지파가 더 일찍이 정착한 것으로 언급하고 있는 데 대해 우연의 일치거나 왕정 시대에 부당하게 재서술한 것으로 더 많이 취급해 왔다. 어떤 경우에는 이러한 설명이 가능하지만 전체적인 것으로는 결코 맞지 않다.

창세기 34장과 48:22에 보면 므낫세 지파에 속한 세겜을 야곱의 아들과 야곱 자신이 직접 정복한 것으로 명확히 나와 있다. (포수기 이후에 쓰여진) 역대상 7:21-24에는 에브라임 지파의 영토가 부분적으로 족장 시대에 정복된 것으로 말하는 전승이 있다. 창세기 38장에서는 후대에나 유다 지파에 귀속된 영토에서 족장 유다가 활동하는 것을 볼 수 있다. 라헬은 베들레헴 주위의 에브라임(에브라다) 영토나 아니면 라마(Ramah) 근처의 베냐민 땅에 묻힌 것으로 되어 있다. 전승에 의하면 에브라임은 라헬의 손자요 베냐민은 그녀의 아들이다. 이러한 분산된 지적들은 BC 175년경의 것으로 추정되는 희년서(Book of Jubilees)와 유다경(Testament of Judah)에서 특히 많이 나온다.[67] 또한 여호수아 12:9-24의 정복된 가나안 왕들의 목록은 여호수아 1-11장의 표준적인 기사 어디에도 나오지 않는 북쪽 산간 지역의 세 성읍(답부아, 헤벨, 디르사)을 포함하고 있는 것도 주목할 만하다. 이들 중

---

67) *the Stone Age to Christianity*, 1957 ed., p. 20.

후자 두 곳은 후에 므낫세 부족의 명칭이 되었다. 즉 히브리 전승에서는 일관성 있게 히브리인 상당수가 팔레스타인에 머물면서 애굽에 전혀 내려가지 않았다고 주장하고 있는 것이다. 이러한 전승이 BC 14세기에 팔레스타인에 상당수 있었던 하비루 존재에 대한 더 많은 증거와 맞물려지면서[68] 서부 팔레스타인 인구 중 히브리인의 비율은 상상했던 것보다 상대적으로 훨씬 큰 것으로 명확히 나타난다. 특히 BC 1700년과 1300년 사이에 비교적 좁은 시내 반도와 애굽 전방의 성벽을 제외하면 애굽 왕국의 아프리카와 아시아 지역(힉소스든 더베든) 사이에 장벽이 없었으므로 그럴 가능성은 더 높다. 또한 애굽의 성벽은 오랫동안 폐허화되어 있어서 일반적으로 애굽과 팔레스타인 사이를 왕래하는 데는 아무런 지장이 없었다. 어쨌든 이 지역의 왕래는 족장 시대에 아주 밀접한 관계에 있었던 팔레스타인과 메소포타미아 북서부의 하란 지역 사이보다 훨씬 용이했었다. 물론 대규모의 이동은 당시에 흔치 않았지만 나귀나 노새를 이용해서 애굽과 팔레스타인을 왕래하는 것은 잦아서 양쪽에 사는 히브리인들은 서로의 사정에 밝았다.

따라서 팔레스타인에 있던 히브리인들은 자연스럽게 애굽에서 새로 온 사람들과 합류하게 되었고 유다 지파의 사람들은 남쪽 산지의 혈연을 찾게 되었고 요셉 지파 사람들은 중앙 산지에 있던 그들 지파의 사람들과 합류하였다. 이런 상황하에서 여호수아 시대의 이스라엘 모습이 꼭 광야에서 평화로운 가나안 산골로 떼를 지어 쏟아진 것으로 볼 필요는 없다. 가나안 도시 국가들 사이에서와 가나안인과 히브리인 사이의 전쟁은 서부 팔레스타인에 있었던 옛날 이야기이다. 여호수아의 지도하에 히브리인은 우위를 차지하여 전에 점령치 못했던 산간 지대를 확보하였고 '이스라엘'이라는 공식 명칭을 사용하게 된 것이다.[69]

---

68) 아마르나 석판에서 많이 언급되는 것 외에도 BC 1300년경으로 추측되는 벳샨(Beth-shan)의 세토스(Sethos) 2세 비문에도 한 번 나온다. *Bull. Am. Sch. Or. Res.*, No. 125, pp. 24-32.

69) G. E. 멘든홀(G. E. Mendenhall)의 *Bib. Arch.*에 곧 게재될 논문 참조. 이

지파의 명칭과 배분은 히브리 성경에서 초기의 것 두 가지가 같은 것이 전혀 없다 하더라도, 그 목록표 이상으로 훨씬 다양하고 복잡했다. 예를 들어 대표적으로 처음에는 단일 지파였다가 나중에 에브라임과 므낫세로 갈라진 요셉 지파만 해도 여러 가지 변동이 있다. 더욱이 드보라의 노래에서 므낫세는 마길(Machir)로 나온다. 또한 레위 지파는 있었다 없었다 하고 베냐민은 다른 이름인('남쪽의 아들'이란 뜻의) 벤-야민[70] 혹은 ('벤아웬의 거주자'라는) 벤-오니[71]로 쓰이기도 한다. 대부분의 지파 명칭은 청동기 중기식(式)이고 다수가 BC 2천년 초기 문서에서도 발견되어 족장 시대 이후 계속 쓰인 것이다. 하여튼 지파와 부족이 발전하기까지는 수세기가 걸렸으므로 간혹 제기되듯이 가나안 정복 이후에 팔레스타인에서 지파 구조가 이루어졌다는 주장은 전혀 신빙성이 없다. 필자 자신의 견해로는 12지파 배분이 이루어진 것이 모세의 장인인 이드로의 충고(출 18장)가 있은 다음에 모세가 애굽에서 도망 나온 섞인 무리를 전승에 있는 대로 부족(alafim, 1,000이라는 뜻)대로 분리한 것이 12지파 생성의 처음이다. 당연히 새 지파의 이름이 필요했을 터인데 각 지파 그룹에서 독보적인 그룹의 이름이 선택된 것이다. 그러나 이러한 것을 증명할 수는 없지만, 이로써 전승에 잘 나타나 있는 대로 각 지파의 다양한 구성뿐 아니라 애굽과 팔레스타인에 공히 전해지는 고대 지파의 명칭의 존재를 설명할 수 있는 것이다. 이러한 식의 발전은 세계 어느 곳에서나 비슷한 상황하에서 볼 수 있다.

것은 (1958년에 쓰여졌으나 미간행된) 필자의 것과 무관하게 된 연구이다.

70) 이 그룹에 대해서는 J. R. Kupper, *Les nomades en Mésopotamie au temps des rois de Mari*(1957), pp. 47-81. TUR-ya-mi-na라는 그룹은 Bin-Yamina 라고 읽어야 하고 TUR. MES-ya-mi-na는 Banu-Sim'al로 읽어야 하며, 대조를 이루는 TUR. MES-si-im-a-al이 명확히 보여주는 대로 Banu-Yamina 로 읽어야 한다. 각각 두번째 음절들이 자주 사용되는 북서 셈족어이고 특히 '아들'이라는 의미의 binu는 아카드어에 잘 나오므로 TUR를 아카드어(mar)로 읽을 수 없는 것이다.

71) 위의 주 61과 Z. Kallai-Kleinmann, *Encyclo-pedia Biblica*(Jerusalem), II, cols. 54 이하 참조. 여기서 그는 분명히 아주 고대의 호 5:8이 벤아웬을 베냐민의 가장 중요한 세 도시 중 하나로 언급하고 있는 것을 지적한다.

제 4 장
지파의 규율과 카리스마적인 지도자들

주전 12세기 초를 엄밀히 관찰해 보면 모든 상황이 이스라엘에게 불리하게 돌아가고 있었음을 알 수 있다. 당시에 이스라엘은 아주 다른 뿌리를 가진 다양한 집단을 모아 놓은 것이었고, 애굽에서 노예였던 것과 하비루의 대상 시절 및 팔레스타인의 약탈자이었던 기억이 아직도 생생하였다.

가나안의 부족들은 귀족 정치와 고대의 연계 체제에 아주 익숙해 있었으나 이스라엘은 (아론의 집안과 각 부족의 대표자 자손 외에) 계급 체계나 귀족 정치적 뿌리는 없었다. 이스라엘은 장인(匠人)이 없었고 문화 시설을 거의 존중치 않아서 고고학자들은 잘 지어지고 설비를 갖춘 벧엘의 마지막 가나안인 귀족의 집과 초기 이스라엘의 둔탁하고 배수구도 없는 엉성한 집 사이에 너무도 큰 차이를 발견할 수 있었다.

초기 이스라엘 종교는 예술도 음악도 없었다. 가나안 신전의 고대 의식과 정교하게 조직된 인사 체계에 비하면 야웨 종교는 처음에 미학적으로 거의 황폐하였다. 가나안 종교의 풍부한 신화와 극적인 예식은 이스라엘의 신화도 의식도 없는 광야의 외로운 신과 너무나도 대조가 되었다. 가나안의 주신적인 의식의 감정적 황홀에 대해 이스라엘의 엄중한 도덕 규범은 이렇다 할 반향이 없었다. 가나안 사람은 세련된 반면 이스라엘 사람들은 유목민의 극도의 단순함을 지닌 채 투박스러웠다. 가나안 사람들이 변태적인 환희에서 날뛰는 곳에선, 이스라엘 사람들은 이 극도의 세련된 문화의 잔학스러움에 충격을 받아 돌아서곤 했던 것이다.[72]

주전 약 1250년에서 1200년 사이에 이스라엘이 처음 거둔 성공에도 불구하고 1215년 마르닙다(Marniptah)의 죽음 다음에 따라온 애굽의 쇠퇴 기간 이외에는 거의 계속해서 영토를 확장하지 못하였다. 10년 이상 애굽에서는 세 명의 유약한 통치자가 권력을 쥐었으나, 마르닙다 밑에서 반항적이었던 모든 종주국들이 대대적으로 반역을 하여 완전히 떨어져 나가다시피 했다. 이 10년 이후로 애굽은 '수년' 동안 무정부 상태에 떨어지게 되고 무명의 수리아인이 총독을 자처했는데 유명한 파피루스 해리스(Harris) 사본의 서문에 생생하게 묘사되어 있는 대로 당시의 기념비 중에는 이 사건을 설명해 주는 것이 없다. BC 1180년경에 가서야 젊고 정력적인 라암셋 3세가 애굽의 아시아 고토를 회복할 수 있었다.

이 짧은 기간을 이용해서 북이스라엘은 북쪽 납달리의 게데스(Kedesh)에서 남서 유대의 드빌(Debir)까지의 서부 팔레스타인 산간지역과 중앙 하우란(Hawran)에서 (요르단 저편의) 동부 팔레스타인의 아르논(Arnon)까지 확고히 정착할 수 있었다. 이때 갖고 있다가 후에 잃은 영토로서는 특히 모압이 점령한 아르논 북부 지역과 아람인이 차지한 바산(Bashan) 땅과 해변의 부족(Sea People)이 탈취한 샤론 평야 일부분이다. 이런 저런 손실로 르우벤과 므낫세, 단, 아셀, 시므온 지파들은 세력과 영향력이 크게 축소되었다. 다윗의 시대에 이르러서야

---

72) 가나안의 종교와 신화에 대한 자세한 설명으로는 *Archaeology and the Religion of Israel*, pp. 68-94; *From the Stone Age to Christianity*, 1957 ed., pp. 230-236; M. Dahood, "Ancient Semitic Deities in Syria and Palestine"; S. Moscati, *Le antiche divinità semitiche*, pp. 65-94; M. Pope and W. Röllig, *Wörterbuch der Mythologie*, I, 2, pp. 219-312.

잃었던 영토를 회복했으나 한 세기 안에 다시 잃고 말았다.

사사 시대의 이스라엘 연합은 특별히 알브레히트 알트와 마틴 노트가 본 대로 여러 면에서 지파 동맹이었다.[73] 약간 후대에 그리이스와 이탈리아에 있었던 근린 동맹처럼 언어와 관습은 물론 종교와 정치에 있어서도 지파를 하나로 묶는 데 강력한 힘을 발휘했던 중앙 성소 주위에 각기 다른 지파가 모여서 연합체를 구성한 것이다. 그러나 이스라엘의 12지파 동맹은 한 가지 점에서 그리스와 이탈리아의 것과는 크게 다르다. 즉 우리가 아는 한에 있어서 고고학적으로나 성경 전승에 따르면 아브라함의 시대까지 거슬러 올라갈 수 있는 이스라엘의 하나님과 그의 백성간에 맺은 계약에 필적할 만한 나라는 없었다. 시내산 계약은 본질적으로 종교적인 성격의 것이고 정치적인 색채가 거의 없다. 반면에 세겜에서 여호수아가 엄숙히 거행한 하나님과 이스라엘 사이의 계약(수 24장)은 종교적이기도 하면서 정치적인 것이다.

G. E. 멘든홀은 여호수아의 계약이 BC 14세기, 13세기의 힛타이트 왕이 아나톨리아나 수리아, 메소포타미아의 종주국 군주와 맺은 종주권 조약과 구조가 거의 흡사하다고 한다.[74] 이러한 공동의 구조에는 서언, 역사적 서론, (수를 많이 축소한) 조약 규정, 잘 조정된 서약 문구, 증인 목록, 조약 본문을 성소에 보관한다는 특별 규정 등이 있다. 물론 다신교에서 유일신론으로 또 제국하의 타민족 세력이 정착 중에 있는 지파 동맹으로 바뀌며 많은 차이가 있으나 기본 골격의 유사함은 BC 2천 년대의 설형문자 조약과 BC 8-7세기의 앗수르, 아람의 조약간의 더 큰 차이를 고려할 때 간과될 수 없는 것이다. 이러한 최소한의 병렬구는 여호수아 계약의 고대성을 입증해 주고, 또한 세겜 전승 및 여호수아 시대와 분명히 연관된 신명기 27-28장이 증명이 된다. 힛

---

73) Noth, *Das System der Zwölf Stämme Israels*(1930); *History of Israel*, pp. 85 이하; *Archaeology and the Religion of Israel*, pp. 102 이하를 참조.

74) G. E. Mendenhall, *Law and Covenant in Israel and the Ancient Near East*, pp. 41 이하와 W. L. Moran, *Biblica*, 1960, pp. 297 이하 참조.

타이트 조약의 특징적 요소인 저주는 여호수아 24장에 나오지 않는다.

모세 전승에 나오는 이스라엘은 아주 강력한 중앙집권적인 세력을 갖추고 있었다. 반면에 지방분권적인 힘은 연합체 결성을 저해하였고, 무엇보다 먼저 이스라엘 영토는 지형적으로 정치적인 단일체를 형성하는 데 적합치 못하였다. 갈릴리는 넓은 이스르엘(Jezreel) 평원에 의해 므낫세와 에브라임에서 고립되었고, 이 평원은 가나안의 철병거가 다스렸고 그 앞에서 이스라엘 보병은 마치 현대의 탱크 앞의 보병처럼 무력하였다.

유다와 에브라임의 관계도 아주 긴밀하지는 못하였는데 가나안의 늘어진 요새 지역으로 나뉘어 있었다고 하는 일반적인 견해가 이 시대에는 맞지 않다고 해도 그러하였다. 요르단 계곡의 장벽은 큰 문제가 안 되었고 요르단 저편의 지파가 갖고 있던 문제와 위험은 서부 팔레스타인의 동족이 갖고 있던 것과는 상당히 달랐다는 것이 더 중요하다.[75] 이러한 지형적인 장애보다 더 큰 어려움이 되었던 것은 북쪽에서 남쪽으로 여행하는 데 지중해와 요단강의 분수령을 가르는 좁은 산마루 길만을 제한적으로 이용해야만 했던 사실이다. 이 산마루가 동편이나 혹은 서편으로 2-3마일의 층을 형성하고 있어 가로지르는 계곡과 산등성을 횡단하기는 두 배로 힘들었다.

더욱이 이러한 지형적인 장애로 인해 방언과 관습이나 정치체계의 경계가 영속화되거나 창출되는 지방분화가 생겼다. 초기에 모세와 여호수아의 영도하에서 이스라엘을 압도하였던 선교적인 운동은 사사기와 사무엘서에 나오는 여러 가지 전승에서 보듯이 완전히 죽은 것은 아니나 곧 약화되기 시작했다. 모세 이전의 풍조와 풍습이 다시 나타나고, 이스라엘 동맹으로 부분적으로만 흡수되었던 가나안과 히브리 그룹 본래의 우상숭배가 다시 선호되었다. 대중의 의식 속에선 야웨와 바알

---

75) 요르단의 지형과 역사적 역할에 대하여는 Nelson Glueck, *The River Jordan* (1946).

의 갈등이 점점 커가고, 가나안 정복 후 한 세기를 전후한 기드온의 잔존하는 전승에 처음으로 구체적으로 기술되어 있다. 사사의 시대에 바알과 야웨가 어느 정도 동일시 되었는지는 여전히 확실치 않지만 사울과 다윗의 가계에 바알이란 이름이 빈번하게 등장하는 것을 보면 몇몇 부류에서는 바알과 야웨의 혼합주의가 이미 선호되고 있었음을 알 수 있다.

이러한 지방분권적인 과정은 내적으로 더 안정된 정치형태로 변화될 때보다는 외국의 침략을 받았을 때 더 잘 드러난다. 외부의 위협 중에서 가장 무서운 것은 이스라엘 정복이 절정에 달한지 약 반 세기 후인 BC 1175-70년경에 팔레스타인의 해변을 침입하였던 블레셋이었다. 그들은 지중해 북부 연안의 해적 족속들과 연합하여 힛타이트족과 가나안 족속의 저항을 꺾어 버리며 패퇴되기 전 애굽 본토까지 침입하였다. 따라서 애굽의 왕은 본의 아니게 이 해안 족속이 가사(Gaza)에서 돌(Dor)뿐 아니라, 그 위의 북쪽 해안에까지 정착하는 것을 허용할 수밖에 없었다.[76] 또한 그들은 지중해를 가로질러 이동하면서 수세기 동안 다도해 지역과도 밀접한 연관을 가졌다. 12세기 중반 이후에는 (낮은 산지인) 유다의 쉽브라(Shephelah)의 성읍에서 나온 도자기 모양에서 알수 있는 것처럼 내륙까지 그들의 영향이 침투해 오기 시작했다.[77] BC 1060년경 애굽의 사신이었던 웬아문(Wen-amun)의 보고처럼 그들은 수지맞는 해상 무역의 장악을 위해 페니키아의 가나안 도시국가와 치열한 경쟁을 하고 있었다.[78] 11세기 중엽에 블레셋은 에벤에

---

76) 해리스 파피루스의 공문서에 나오는 언급 참조(Wilson, *ANET*, p. 262). 그들은 아마 노예나 용병으로 채용되었던 듯하다. H. H. Nelson, *Early Historical Records of Ramses* III, p. 4, n. 24와 다음의 뛰어난 저작 참고. Trude Dothan, *Antiquity and Survival*, II, ⅔ (1957), pp. 151-164.

77) 나의 토론으로는 *Tell Beit Mirsim*, I, pp. 53 이하., *Tell Beit Mirsim*, III, pp. 1 이하, pp. 36 이하; Elihu Grant and G. E. Wright, *Ain Shems Excavations*, V, pp. 126 이하.

78) 다음에서 필자의 글 참조, *Studies Presented to David Moore Robinson*

셀 전투에서 이스라엘을 물리치고 법궤를 빼앗았다. 고고학적 발굴에 의하면 블레셋은 드빌, 벧술(Beth-zur), 실로 등 유다와 에브라임의 많은 성읍을 분쇄하거나 파괴하였다.[79] 당시 팔레스타인의 주도권은 사울과 특히 다윗이 승리를 거둘 때까지는 엎치락뒤치락 하였다.

북부 팔레스타인에서 가장 큰 위협은 아클(Acre) 평야의 에스드라엘론(Esdraelon), 악코(Acco), 악삽(Achshap)의 남서쪽 끝에 있는 므깃도나 다아낙(Taanach) 등과 같이 멸망을 피해서 확고히 기반을 다진 가나안 성읍이었다. 여기에 또 삼각관계로 가나안과 이스라엘의 내륙에 압박을 가해오는 블레셋이 있었고 또 이스라엘과 가나안은 서로 우위를 차지하려고 각축전을 벌였다. 사사기 5장에 나오는 드보라의 노래에는 당시에 결정적이었던 전투의 생생한 모습이 여과 없이 나타나 있다. 이 노래의 바로 앞에 나오는 산문 기사(삿 3:31-4:24)는 이 노래에 기초해 쓰였는데 가끔 오해된 곳도 있다. 그러면서도 당시의 상황을 재구성하는 데 도움을 주는 전승에서 유래한, 첨가된 자료도 있다. 야딘(Yadin)이 하솔(Hazor)을 발굴함으로써 하솔은 블레셋 침입 이전에 멸망된 반면 드보라의 노래에서 칭송되는 다아낙의 전투는 블레셋 침입 후에 있었다는 사실이 알려짐으로 당시의 상황은 훨씬 더 명확해졌다.[80] 시스라(Sisera)라는 이름은 가나안 이름이 아니라 해안족속(블레셋)의 것이다.[81] 북이스라엘 지파 연합과 가나안 '왕' 군대의 전

(1951), I, pp. 223 이하와 J. Černý, Rev. Égypt., 6, p. 41, n. 18. 여기서 그는 이것이 단순한 문학적 창작이 아니라 실제 보고서라고 주장한다. 그의 다음 저서 참조. *Ancient Egtypt*(University College London, 1952), p. 22.

79) *Tell Beit Mitsim*, Ⅲ, pp. 36 이하.

80) 이 노래와 그 앞의 산문 기사(삿 3:31)에서 공히 삼갈은 이 노래에 나오는 사건 이전에 분명히 블레셋을 무찌른 것으로 돼있다.

81) *Jour. Pal. Or. Soc.*, 1921, pp. 60 이하의 나의 토론 참조. 이 이름이 나중에 성전 관리인 가족 중의 하나로 나오는데, 그 가운데는 애굽식 이름과 에돔식 이름이 각각 하나씩 나오며(스 2:53; 느 7:55), 여러 비히브리어 이름이 나오는데 같은 히브리어 자음이 헬라어식 표기로 된 것도 포함돼 있다.

투가 드보라의 노래에서는 '므깃도 물가의 다아낙'에서 있었던 것으로 돼있다. 따라서 당시에 므깃도가 폐허가 되지 않았다면 격전지였다는 것을 알아볼 만한 증거가 없을 것이다. 다아낙과 드깃도를 발굴해 본 결과 이 두 도시가 동시에 번영했던 기간은 단지 몇 번뿐이었다. 이 두 도시는 직선 거리로 5마일밖에 안 된다. 므깃도는 제7지층에서 성읍이 파괴되고 제4지층에서 이스라엘에게 점령된 사이, 즉 BC 12세기의 제3사분기(1150-25년)에서 11세기 전반의 어느 때까지 실제로 폐기된 채 버려져 있었던 것이다.[82]

그때의 전투가 시스라군(軍)이 유명한 아라파스(Ara Pass)에서 투트모세 3세의 연대기에 나오는 키나(Qina)라는 하류천이 시작하는 므깃도 남단의 작은 평야에 출현했을 때 일어난 것은 확실하다. 아마 에스드라엘론과 아클 평야의 가나안 병력은 시스라를 다아낙 밑의 평야에서 만날 예정이었는데 이러한 평지에서 그들의 마병거는 이스라엘의 보병보다 절대적으로 유리하였다. 어쨌든 이스라엘 지도자의 탁월한 전략과 기손과 남방의 샛강에 갑작스런 홍수를 몰고온 호우로 시스라와 가나안 연합군은 재난을 당하고 말았다.[83]

---

[82] 1937년에(*Bull. Am. Sch. Or. Res.*, No. 68) 나는 같은 장소의 발굴 연구 결과를 따라 드보라의 도래 연대가 므깃도가 함락된 므깃도 Ⅶ와 Ⅵ 사이의 시대로 보았다. 왜냐하면 삿 5:19이 '므깃도 물가, 다아낙에서' 전투가 이루어졌다고 하면서, 므깃도가 당시에 점령되지 않았음을 시사하고 있기 때문이었다. 그러나 1940년에 나는 엥베르크(Engberg)의 Ⅵ와 Ⅴ 사이의 연대 주장을 수용하여 11세기 초로 보았던(Ibid., No. 78, pp. 4-9) 나의 입장에서 후퇴하였다. 하지만 그리고 나서 J. Simons, *Oudtertameutischo Studien*, Ⅰ(1949), pp. 38-54가 Ⅵ와 Ⅴ 사이가 Ⅶ과 Ⅵ 사이보다 더 유력하다는 입장을 제시했다. 따라서 므깃도 발굴에서 나온 도자기와 Meggido Ⅱ (1948)을 연구하고서 나는 엥베르크 견해를 수용했던 것을 다시 뒤집고 내 본래의 견해로 돌아왔다. Ⅷ와 Ⅵ 사이의 파괴는 Ⅶ과 Ⅴ 사이보다 훨씬 완벽하고 전면적인 것이었으며 석공술이나 도자기의 변화도 훨씬 크다.

[83] 이 에피소드를 현대에 다루면서 뿐 아니라 삿 4장에서 혼동되는 것은 본래 여호수아 시대의 하솔 왕 야빈은 삼갈을 이었고, 삿 5장의 이스라엘을 적대시한 연맹체에 가담한 동명(同名)의 후대 가나안 왕과 일치시킴에 기인한다. 야빈(Yabin)이라는 이름은

요단강 저편에서는 사방에서 공략을 해 왔고 침략의 파고는 그 경계를 넘어 서부 팔레스타인에까지 종종 밀려 들어서 이스라엘의 어디도 안전할 수 없었다. 먼저 12세기 언젠가 모압이 성공적으로 침입해 점령했지만 베냐민 지파의 에훗이 대범하게 공격하여 물리쳤다. 에훗은 첫 사사로서 이스라엘의 영웅 설화에 기록된 탁월한 인물이다. 구약에 기록된 이 시대 대부분의 '사사들'(shohetim)처럼 에훗도 어떤 행정기능상의 우두머리가 아니라 탁월한 군사적인 용맹으로 지위를 얻은 것이다. 대부분의 사사들은 사법상의 관장이 아니라, 전쟁의 영웅이었고 탁월한 군대 장관이었다. 그들은 지파나 사회적 출신 성분에 관계 없이 동향민으로부터 존경과 숭배를 받았는데 하나님의 특별한 영이 그들에게 부은 바 되어 지혜와 용맹이 특출하다고 믿었기 때문이었다. 이런 류의 지도자를 막스 웨버나 알브레히트 알트는 '카리스마적 지도자'라고 적절히 불렀다.[84] 이스라엘이 가나안의 전례를 따라 쇼펫(shophet: 사사)이라는 말을 이러한 의미로 사용했는데, 같은 용어가 가나안의 신화에서는 '군주'로, 또 수세기 후 카르타고에서는 국가의 우두머리를 지칭하는 데 사용된 이유도 있었던 것이다. 더욱이 이스라엘의 카리스마적인 사사들의 연합은 분명히 그 내부적으로 발전되고 향상되었는데 이름과 활동 연한 외에 아무 기록이 없는 몇몇 소(小)사사는 분명히 지파간의 중재자로서 명성을 떨쳤던 사람들이다.[85] 근자에도 아랍의 유목민이나 반유목민 사이에서도 지파의 관습적인 법에 따라 지혜롭고 공정하게 결정을 하는 사람이 대중의 중재자로 큰 인기를 모아 곤란한 경우

본래 어근인 야브니(Yabni)에서 쉽게 음성학적으로 유래할 수 있는 것인데, 야브니라는 이름 자체가 원래 야브니엘(Yabni-El) 혹은 야브니하닷(Yabni-Hadad)의 애칭으로 빈번히 줄여서 사용되는 말이다. 이러한 식의 이름이 청동기 시대 팔레스타인에서는 아주 보편화돼 있었으며, 또한 사실인즉 마리 사본에 나오는 바벨론 왕 하술 왕의 이름이 야브니하닷(Yabni-Hadad, 바벨론어로 이브니하닷 Ibni-Hadad)이다.

84) *From the Stone Age to Christianity*(1957) ed., pp. 215 이하; Max Weber, *Ancient Judaism*, pp. 40, 83 이하를 참조.
85) 필자, loc. cit. 참조.

에는 수십 마일 너머에서도 찾아와 중재를 요청하기도 했다. 사사시대 반유동적이고 아직 조야한 이스라엘 문화에서 신망있는 중재자나 지파의 법 해석가는 무법적이고 유혈적인 씨족간의 대립을 막기 위해 아주 중요한 역할을 했다. 따라서 군사적인 무용과 기지를 갖추고 사회적 평판과 명성이 있는 지도자나 영웅이 추종자들로부터 적지 않은 추앙을 받았다.

12세기 말에 새로 정착한 이스라엘 지파들은 압도적이고 살상적인 수리아 사막에서 불어닥치는 폭풍 사태에 침해를 받았는데, 역사적으로 기록이 남아있는 비옥한 초생달 모양 영토 지역에서 낙타를 타고 다니는 유목민에게는 첫 타격이 되었다. 당시에 낙타는 거의 사육되지 않아서 2천 년 초기 몇 세기의 기록이나 비문에는 전혀 나오지 않는다.[86] 사사 시대 얼마 전에야 아라비아 내륙의 야생적인 생활을 하는 몇 부족이 먼 거리를 낙타로 타고 가는 것을 익혀서, 먼 곳에서 진치며 안심하고 지내던 부족들을 놀라게 하기도 했다. 따라서 유목민 약탈자가 생기게 된 것이다.

수년이 지나며 이러한 야만적인 아랍의 약탈떼들이 팔레스타인에 폭주하게 되어서 이스라엘을 산간이나 삼림지역으로 몰아내고 그들의 농작물이나 가축을 약탈해갔다. 전승에 의하면 이 무리들은 "미디안 사람, 아말렉 사람, 동방 사람"(삿 6:3)이라고 묘사돼 있다. 그들의 파괴가 저지되지 않고 계속되었다면 이스라엘은 가나안에서, 정착한 지 150년 이내에 종적을 감췄을 것이다. 하지만 스룹바벨이라고 하는 서부 므낫세 지파의 용장인 기드온의 용맹과 기지로 이러한 거대한 위기를 모면하였고 팔레스타인은 약 40년 이상 아랍이 더 이상 넘보지 못하게 되었다. 더욱이 기드온은 성공적이고 카리스마적인 지도자였을 뿐 아니라 바알 종교에 대항하여 그 신전이나 추종자에 대해서도 전쟁을 벌이는 강력한 이스라엘 신앙의 포교자였다. 기드온 그 자신의 이름에

---

86) 위의 주 22를 보시오.

는 '바알'이 들어있고, 그의 부친 이름 요아스(Joash)에는 '야웨'라는 명칭이 포함되어 있는 사실로 보아 당시 북중부 이스라엘의 종교적 상황이 얼마나 복잡했었는가를 여실히 보여준다.

11세기 중엽 이후에는 한 세기 동안 이스라엘 남부를 계속 공략하며 탈선적인 행동을 해 오던 블레셋이 무력으로 에브라임 고지대를 침입하여 덴마크 학자들이 발굴해 보인 대로 실로(Shiloh)를 멸망시켰다. 위에서 언급했듯이 이러한 침략 이후에 계속적으로 이스라엘의 다른 성읍들이 파괴되었고, 전세대에 모든 물질적인 부를 다 고갈시켰다. 실로가 불타고 법궤를 손실함으로, 중앙 성소마저 없어진 이스라엘 12지파 동맹은 존립자체가 크게 흔들렸다. 그 후 얼마 있지 않아 사무엘이 나타나지 않았다면 블레셋이 전면적인 공격을 감행함으로 영원한 팔레스타인의 주인이 되었을지 모른다. 사무엘은 사사와 선지자로서 대중적인 큰 명성을 얻고 전의 카리스마적인 시대와 새로운 선지자적 시대의 간격을 메웠다. 그가 초기에 대제사장 엘리와 연합돼 있었다고 하는 것은 이스라엘의 지파동맹과 왕조와의 사이에도 가교 역할을 했다는 것을 말한다.

모세의 이상을 실현하며 지파동맹에서 중앙집권적인 왕조로 성공적인 전환을 하는 데 사무엘이 탁월한 역할을 했다는 것을 최근까지만 해도 학자들은 이해하지 못했다. 사실 필자도 O. 아이스펠트(O. Eissfelt)가 신명기 32장의 연대와 배경에 대한 뛰어난 연구를 출판한 해인 1958년 이전에는 이 분야에 대해 어두웠다.[87] 그리고 더 최근에 발견된 사해문서와 세피르(Sefire)의 문서가 중요한 세부 사항을 더 밝혀줌으로써 그 역사적인 모습은 급속도로 초점을 찾게 되었다.[88]

---

87) Otto Eissfeldt, *Das Lied Moses Deuteronomium* 32 1-43 etc. (1958).

88) 필자의 강의안을 보시오. Goldenson Lecture for 1961, *Samuel and the Beginnings of the Prophetic Movement*(Hebrew Union College Press, Cincinnati).

이러한 발전의 결과로 사무엘 기사에 나오는 강조점들의 차이는 더 이상 어찌할 도리가 없는 모순이 아니라, 역사적인 전체 윤곽을 나타내는 데 긴요한 역할을 하는 것이 되었다. 즉 사무엘서의 전승은 고대 이스라엘 역사의 어디에도 없는 광활한 역사적 시각을 갖춘 자료인 것이다. 각기 다른 전승들이 당시 역사적 상황의 다양한 면모를 이처럼 성실하게 재구현해 주는 곳은 히브리 성경 외에는 없다. (여호수아 정복의 표준적인 모습에서 볼 수 있듯이) 다소 자유스런 관점들은 흔히 제외되는 것이 상례이다.

사무엘서에는 실제건 아니면 피상적이건 간이 크게 네 가지의 모순이 나오는데 (1) 사무엘이 에브라임 지파 숩(Zuph)의 자손이기도 하며 레위 지파의 찬양 그룹에도 속해 있는 점(삼상 1:1과 대하 6:16-43) (2) 사울 즉위 전까지 전(全) 이스라엘의 사사였지만 그의 말년에는 (단지 몇 마일 떨어져 살던) 사울에게 무명의 불분명한 예언자이었다는 점 (3) '그의 날 동안' 블레셋을 박멸하여 이스라엘을 해방시켰다고 하지만, 후에도 이스라엘은 사울의 시대까지 계속 블레셋의 지배 하에 있었다는 점 (4) 처음에는 왕조를 세우는 데 적대적이었지만 마음을 바꾸어 왕 제도를 선호하며 사울에게 기름을 부어 공식적으로 왕으로 선택케 했다는 점 등이다.

이러한 외면상의 모순은 위에서 언급한 최근의 발견들로 인해서 제대로 초점을 찾게 되었는데, 먼저 사무엘이 일생 동안 하나님을 섬기며 머리나 수염을 깍지 않고 독주를 입에 대지 않는 것을 서약하는 나실인이었다는 초기 전승은 맞다. 이러한 사항이 현재의 히브리성경이나 헬라 성경에는 나와 있지 않지만 1897년 이래 카이르의 에스라 회당에서 되찾게 된 벤시라의 히브리 개정판(Ecclesiasticus)[89]과 쿰란의 제4 동굴에서 나온 사무엘상의 초기 수정판[90]에는 나온다. 또한 (반대 견해

---

[89] F. M. Cross, Jr., *Bull. Am. Sch. Or. Res.*, No. 132, pp. 15 이하를 보라.
[90] 집회서 46:13의 히브리어에 nazir YYY가 나오는데 곧 하나님의 나실인이란 뜻이다. 이것이 헬라어 역본에는 생략되어 있고, 이점에서 헬라어 역본은 히브리어 본문과

가 있지만) 미슈나에서도 명확히 입증되어 있고, 히브리 성경에서 머리털과 수염을 자르지 말라고 하였고(삼상 1:11), 헬라어 성경에는 더 첨가하여 술을 마시지 말라고 한 것으로 보아 나실인임을 전제하고 있다. 그런데 어려서부터 실로 성전의 성사(聖事)에 서약된 나실인은 레위인의 직분을 감당해야만 되었으므로 레위인으로 여겼던 것도 당연한 일이다. 선지자적인 회중이 모였을 때 악기를 잘 사용해 음악을 연주한 것을 보면 레위인 찬양대와 연계되어 있었던 것이 놀라운 사실은 아니다.

  이스라엘 사회에서 사무엘이 한 역할은 다른 주요 '사사들'과 마찬가지로 아주 복잡했던 것만은 틀림없다. 그는 지파와 부족 사이를 중재하는 사사였고, '하나님의 특별한 부름을 받은' 선견자(ro'eh)요, 선지자(nabi)였다. 그는 백성을 이끌고 블레셋에 대항하였고, 나중에는 계속 사사로서 맡겨진 직무를 다했고, 지배받는 백성들 자신이 선택한 지도자를 통해 그들을 다스리기도 했다. 그의 본의 아닌 왕을 세우는 자로서의 역할에 대해서는 아래에서 더 다루겠다.

  사무엘의 경력에서 가장 중요한 것은 엘리계(係)의 제사장과 절연하고, 전면적으로나 혹은 부분적으로 열광적인 선지자들과 제사장 체계를 만들어 대체시킨 것이다. 후대의 유대교나 기독교 역사에 보면 전체나 혹은 부분적으로 기존의 제사장이나 성직자나 랍비가 평신도 계열의 새로운 영적 지도자로 다소 주기적으로 대체된 경우가 있다.[91] 이러한 반복적인 변화는 계약의 원리에 성립 기반을 두고 엄격한 유일신론에 기초한 영적이고 윤리적인 구조가 성공하기 위해선 필연적이었던 것으로 보인다. 이러한 원리는 끊임없는 개혁 없이는 유지되지 못하고 또한 그 개혁은 지도력의 부분적이거나 전면적인 변화를 요구했다.

  가끔 반(反)종교개혁(Counter-Reformation) 이후 유대교나 카톨릭 교회에서 보면 제사장과 선지자의 균형을 맞추거나 종교적인 체

큰 차이를 보인다.

91) *Samuel and the Beginnings of the Prophetic Movement*, pp. 19-21 참조. 여기에는 지난 21세기 동안의 많은 예가 나온다.

제나 회중에 맞춰 세속적인 제도를 조정함으로 균형잡힌 영적 지도력을 쟁취한 경우도 있었다. 보통은 한 계급이 다른 계급을 완전히 혹은 거의 대부분 대체하므로 사무엘의 원래 의도도 그랬다는 것을 충분히 짐작해 볼 수 있다. 일차적으로 전승에는 엘리의 제사장들이 악하여서 하나님의 심판을 받을 만하다고 강조되어 있다. 이러한 것은 사무엘서뿐 아니라 시편 78편과 신명기 32장에서도 강조되어 있다. 성소가 파괴된 다음에 사무엘이 제사장 제도나 성소 및 법궤에 대한 관심이 아주 약화된 것으로는 어디에도 나오지 않는다. 오히려 광적인 선지자들의 모임을 주도하고 그러한 운동을 여러모로 증진시켰다.[92] 사울이 사무엘과 싸울 때, 사울은 그의 거처 가까이에 있는 새로운 브금자리에 자신이 세운 제사장 편을 든 것이다.

　　필자가 보기에는 아이스펠트가 신명기 32장이 BC 11세기 중엽의 사무엘 시대 것이었다고 하는 견해가 실제 맞는 듯하다. 그 내용이 문체에 있어서는 미리암의 노래나, 발람 신탁 및 드보라의 노래보다 후대라고 하지만 전체적으로는 오래된 것이다. 이에 연관된 한나의 노래에는 (사울 혹은 다윗)의 역할이 가정되어 있고, 신명기 32장을 보충하는 10세기 작품인 시편 78편에는 다윗이 명확히 나타나지만, 신명기 32장 자체 내에는 이미 왕조가 세워져 있는 듯한 아두 힌트도 없다.

　　모세의 노래가 이전에 알려진 것보다도 훨씬 더 오래되었다는 것을 확증해 준 쿰란 제4동굴의 발견은 신명기 32장의 이해에도 큰 도움을 주었다.[93] 여기에는 이스라엘이 더 강력한 유일신론을 모색하는 것뿐 아니라, 후대의 몇몇 저작들의 특색인 인위적인 복고풍의 어휘를 사용치 않고 고대신화를 비신화화하는 모습을 볼 수 있다.

---

92) 신비주의 운동의 중요성에 대해서는 Ibid., pp. 7 이하를 참조.

93) P. W. Skehan, *Bull. Am. Sch. Or. Res.*, No. 136, pp. 12 이하; *Jour. Bib. Lit.*, LXXVIII(1959), p. 22를 참조. 이 시의 고대성에 대해서는 나의 토론을 볼 것. *Yetus. Test,* IX(1959), pp. 339-346.

예를 들어 신명기 32:8 이하는 (헬라어와 쿰란본을 따라서) 이제 다음과 같이 옮길 수 있다.

> 지극히 높으신 자가 열국의 기업을
> 주실 때 인종을 분정하실
> 때에 하나님의 자손의 수를 따라
> 민족들의 경계를 정하셨도다.
> 그러나 야웨의 분깃은 그의 백성이고
> 야곱은 그에게 할당된
> 소유였노라!

여기서 물론 지극히 높으신 자는 야웨지만 그 심층 인종 발생적 신화에 있어서는 두 명의 신이 가정되어 관련돼 있다. 가나안어로 '하나님의 자손'(bene El)이라는 용어는 엘과 그의 배우자 아세라 사이에 있었던 70명의 아들을 가리킨다. 즉 그들도 신이었다. 하지만 유일신 사상을 갖고 있던 이스라엘에서는 초기의 규범적인 야웨신앙에서 꼭 용납되는 것은 아니었지만 후대의 랍비 문학 시대까지 잔존해 있었던 70여 나라의 수호천사를 뜻했다. 위의 시에서 저자의 비타협적인 유일신 사상은 고풍의 이미지와 함께 더 생생하게 나타나 있다. 신명기 32장이 꼭 사무엘 작품이라는 이유는 없으나 그와 가까운 반경 내에 있었던 사람이 지은 것이다.

이 시는 출애굽기 15장의 미리암의 노래와 함께 히브리 성경에서 가장 종교적인 성가이다. 둘 다 여백에 의해 시의 단락이 나뉘는 시 운율 양식(stichometric form)으로 전수되었다. 그 보존 상태가 아주 뛰어난 점으로 보아 모든 경건한 이스라엘 사람들은 이러한 언어에 아주 친숙했던 것 같다. (현재 양식의) 문제로 보면 연대가 모세의 축복 이후이지만 야곱의 축복 이전이다. 모세의 축복이라고 명시하면서 모세가 나오지는 않지만 다르게는 무명의 시일 수밖에 없는 이 작품에서 모세가 저자라는 것을 말하는 많은 암시가 있다.

　　사무엘이라는 인물과 신명기 32장의 신학적 내용이 없이는 이스라엘의 예언 운동과 예언자의 신학적 관점에서 되어진 신명기 문학을 상상하고 이해하기 어렵다.[94] 예레미야가 "여호와께서 내게 이르시되 모세와 사무엘이 내 앞에 섰다 할지라도 내 마음은 이 백성을 향할 수 없나니"(15:1)라고 공언했을 때, 사무엘은 마치 모세가 제사장 반열의 대변인이었듯, 분명히 선지자를 대표한 것이다.

　　두 세기가 흐르는 동안 계속적인 외환과 종종 있었던 충돌에도 불구하고 이스라엘은 물질문명이나 사회제도에서 큰 발전을 보았다. 파괴된 대부분의 가나안 성읍들이 재점령, 정착되고 가부장적으로 형성된 농경사회의 중심이 되었다.

　　큰 성읍의 평균 인구는 가나안 시대보다 훨씬 작았으나 광활히 열린 공간은 우양과 농작물의 매장지가 되었다. 적어도 드빌이나 벧세메스, 벧엘 같은 곳에서 나타나는 이 시대의 특징으로선 넓은 마당에 1, 2층에 방이 많은 커다란 시골집이다.

　　건축모습이나 가구들을 보면 이러한 큰 집들이 그들이 가끔 차지하곤 했던 가나안의 건물과 같은 귀족 저택이 아니라 가부장 주위의 군소 몇 가정이 사용했던 집인 것을 알 수 있다. 더욱이 가나안 점령 말 바로 얼마 전에 소개된 저수지 짓는 기술이 급속도로 퍼진 결과(위 참조), 샘이나 하천에서 아주 먼 곳에서도 새 성읍이나 마을이 세워지기도 했다. 그리고 가나안인들이 전에 전혀 살지 않던 곳에도 수백의 새로운 정착민이 생겼는데 사무엘이전 시대에도 알려진 몇몇 성읍으로서 예루살렘 주위에 있었던 기브아, 라마, 게바, 믹마스 등을 예로 들 수 있다. 요단 동서부의 거대한 삼림지대도 개척되어 막대한 포도나무나 올리브나무를 심었다.

---

94) *Samuel and the Beginnings of the Prophetic Movement*, pp. 23 이하 참조.

또한 가나안 사람들이 하던 상업도 다시 활기를 띠어 몇몇 곳에선 전의 실적을 능가하기도 하였다. 낙타 대상들은 값싼 장거리 수송편의를 얼마든지 제공함은 물론 이미 사막에서 나오는 상품을 팔레스타인으로 수송하는 새로운 운송 수단이 되어 있었다. 길르앗의 동편 사막의 맨 끝에 있었던 작은 나라인 암몬도 이스라엘의 가나안 정복 이후 시대에 급속도로 팽창하여 전에는 아무 구실도 못했지만 이제 11세기에는 계속 이스라엘을 위협했고 이 시대에 낙타 대상을 통해 이루어진 무역이 어떠했나를 보여준다.[95] 지중해에서도 13세기 말과 12세기에 해안족의 이동으로 말미암아 중단되었던 이후에는 무역이 급속도로 팽창하고 있었다. 이미 앞에서 언급한 웬아문의 보고서에는 해적이나 약탈꾼들을 더 잘 방비하기 위해 큰 단체를 조직해서 해상 무역을 하는 것이 급속도로 불어나고 있는 모습이 생생하게 묘사돼 있다.[96] 드보라의 노래에도 단과 아셀 지파가 해상에서 활발한 역할을 하는 것을 볼 수 있다. 11세기 말 사이프러스(Cyprus)에서 수입된 도자기 양식은 (블레셋을 제외하면) 수입된 도기 제품이 쓰이지 않던 오랜 단절 기간 후에 다시 이스라엘의 땅에 나타나게 되었다.

부가 증가하면서도 블레셋의 위협은 계속되었으므로 보다 안정된 정치 체제가 절실해졌다. 기드온의 아들 아비멜렉은 세겜에서 가나안인의 지지를 받아 잠시동안 '왕'으로 자처했다. 사무엘은 자신의 아들을 사사로 앉혀서 안정된 기반 위에서 '사사' 체제가 계속되도록 기도했다. 그러나 이러한 두가지 시도들은 곧 잊혀졌던 다른 의도들과 마찬가지로 모두 실패로 끝나서 아비멜렉은 무자비한 폭군이었다가, 여인의 손에 의해 수치스럽게 죽었고, 사무엘의 아들들은 정의를 집행하는 데 아주 부패하고 썩어서 백성들의 원성의 대상이 되었다. 따라서 이제 이스라엘의 정치적 발전에는 새 장이 열리게 된 것이다.

---

95) *Miscellanea Biblica B. Ubach*(1954), pp. 131-136.
96) B. Maisler(Mazar), *Bull. Am. Sch. Or. Res.*, No. 102, p. 10, *The Bible and the Ancient Near East*, pp. 342 이하.

그 첫 단계로서 이스라엘에 나기드(nagid)라는 카리스마적인 '지도자'를 세운 것이었는데, 사울을 가리키는 세 본문에서 사무엘은 사울을 이스라엘의 '왕'(melekh)이 아닌 나기드로 기름을 붓는다. 마찬가지로 다윗이 등장하는 다른 네 본문에서 그도 왕(melekh)이 아니라, 지도자(nagid)로 기름부음을 받는다. 나기드란 말은 후대 아람어 네기다(negida)나 나고다(nagoda)와 같이 '지도자, 사령관' 등을 뜻한다. 그전 750년경의 세피르문서에서도 이미 이런 뜻을 가졌다.[97] 최근에는 다른 곳에는 나오지 않는 이 나기드의 새로운 의미를 발견코자 활발한 논의가 진행되고 있다. 실제로 나기드가 카리스마적인 지도자를 뜻한다는 것은 이스라엘에서 늘 알려진 사실이었다. 최근 벤시라 4:13과 쿰란 제11동굴에서 나온 (헬라어 성경의) 시편 151편의 히브리판에서 밝혀졌다.[98]

사무엘이 백성을 설득하여 왕조를 형성할 왕 대신에 종신직의 대중적 지도자를 뽑으려던 의도는 인간의 본성상 성공적이지 못했던 반면, 카리스마적 지도체제에서 왕정으로 이어지도록 가교 역할을 한 것이다. 북이스라엘에서는 그러한 원론적인 모습이 마지막까지 살아있었던 듯하나 남유다에서는 다윗 가계의 명성으로 사라졌다. 따라서 실제상 멜렉(melekh, 왕)이란 말은 권세를 잡은 새 지도자에게 즉위하자마자 사용된 용어이다-모든 가나안의 군주들도 다 '왕'이지 않았는가?

---

[97] J. A. Fitzmyer, *Catholic Bibl. Quart.*, 20 (1958), pp. 448, 450, 459를 보라. ngdy('나의 지도자')라는 단어는 bny('나의 아들')와 pqdy('나의 직무상의')의 사이에서 나타난다. ⟨The word ngdy, "my commanders," appears between bny, "ny sons," and pqdy, "my officials"⟩; *Samuel and the Beginnings of the Prophetic Movement*, pp. 15 이하.

[98] J. A. Sanders, *Bull. Am. Sch. Or. Res.*, No. 165, p. 15.

제 5 장
통일 왕조

대중적인 영웅이었던 사울은 처음에 사무엘의 반대가 있었음에도 나기드(즉 '영웅')라고 공포되었다. 그는 통치 맨 초기에 암몬 족속과 블레셋 및 아말렉에게서 결정적인 승리를 거둬 이스라엘을 사면의 위험에서 해방시켰다. 구약 전승에 잘 나와 있는 대로 그는 시기가 많고 폭군적인 본성을 갖고 있었고 반대 세력을 못 참아서 점점 모든 가능한 라이벌 세력을 증오하게끔 되었다. 그는 통치 초기에 사무엘과 결별했고 곧이어 그의 사위이자 이미 자신의 역량으로 근중의 영웅이었던 다윗과 쟁투를 하게 되었다.

구약의 전승은 이러한 극적이며 사적인 관계를 잘 알려주고, 인격이 적나라하게 들어나는 일화까지 소개하여 생생하게 묘사하면서도 당시의 중요한 정책이나 정치적 상황은 다루지 않는다. 사울과 다윗의 갈등은 두 카리스마적 지도자 사이에서 대중의 지지와 세력을 얻고자 사투를 하다시피 했고 사울과 사무엘 사이에 있던 악감정에는 더 큰 배경이 있었다.

성경자료에 따르면 사무엘은 실로의 성소를 회복하기 위해 어떠한 방도도 취하지 않았고, 법궤는 다윗의 통치 때까지 기럇여아림에 머물렀다. 하지만 사울은 당시에 잔존하던 엘리계 제사장을 다시 모아 자신의 거처였으며 기브아 남동쪽에서 한 시간 이내의 거리인 놉에서 취

임시켰다. 여기에 성물과 예식을 담당할 구조물을 세웠고 법궤도 다른 장소로 옮길 계획을 하면서, 백성들이 미신적으로 두려워함에도 이곳에 가져왔던 듯하다.

그것이 또 사실이었다면 사울은 두 가지 목적에서 이러한 행각을 벌였다고 추측되는데 첫째는 사무엘에 대항해서 자신의 세력을 확고히 하고, 둘째로 이스라엘에서 전통적이고 상징적으로 강한 의미가 있는 대제사장 가계를 자신이 직접 주무를 의도였던 것이다. 사울이 다윗을 방조하였다는 이유로 대노하여 모든 엘리계 제사장들을 살육하라고 명했을 때, 그는 야웨 신앙과 완전히 절연케 된 것이다. 그가 초기에 신접한 자와 박수를 쫓아내며(삼상 28:3) 가졌던 경건한 신앙은 노골적인 혼합주의 종교로 대체되었다. 그의 장자 요나단이 야웨와 관련된 이름임에 반해 더 어린 사울의 자손에 '바알'이 들어간 이름이 세 명 나오는 것은 아무래도 호기심을 끈다. 사울이 당시에 남부보다는 북부에서 훨씬 큰 비중을 차지하고 있었던 바알 종교를 선호함으로 정치적인 이득을 보려 했는지도 모른다. 어쨌든 그는 이스라엘의 북쪽 영토를 장악하는 데 많은 관심을 보여 당시의 강대한 블레셋 군대에 대항해 에스드라엘론(Esdraelon)의 길목을 지키려는 무모한 전투에서 죽음을 맞았다(BC 약 1000년).

필자가 기브아에서 발굴한 사울의 요새 잔재는 그의 궁전의 목가적인 단순함을 무엇보다도 잘 예시해 주었다.[99] 아주 튼튼하게 지어졌으면서도, 요새 벽은 망치를 사용한 석공술로 이루어졌으며 내용물은 지극히 단순했다. 이 요새는 원래 블레셋이 장성(長城)으로 건축했다가(삼상 10:5) 사울이 자신의 목적으로 개조한 듯하다. 구약 전승이 밝혀주는 바로는 사울이 보통 화력 이상의 보병을 가져 본 적이 없어서, 통치 내내 각 지파의 체제와 관행에 의존하지 않을 수 없었다. 그러한 환

---

99) *Annual Am. Sch. Or. Res.*, Ⅳ(1924); *Bull. Am. Sch. Or. Res.*, No. 52, pp. 6-12; L. Sinclair, *Annual Am. Sch. Or. Res.*, ⅩⅩⅩⅣ(1954-56), pp. 10 이하.

경 속에서도 그는 반 유목민인 암몬과 아말렉 족속에게서 대승을 거둘 수 있었지만 블레셋의 다섯 도시 연맹체와 같은 강력한 조직에 대항하기는 역부족이었다.

길보아의 비참한 전투에서 사울과 그의 아들이 전사하므로 다윗의 눈부신 시대가 열린 셈이다. 모든 관련된 전승에서 증명되듯 다윗은 영웅적인 행각과 개인적인 매력으로 광대한 대중적인 인기를 누렸으며 가드의 폭군인 아기스를 오랫동안 섬겼던 것도 거의 문제시되지 않았다. 따라서 그는 초기 이스라엘 역사에서 어느 누구보다 카리스마적인 인물로 출중했다. 더욱이 다윗은 여러 가지 비범한 저주를 가졌다. 그는 이스라엘 전승에서 훌륭한 음악가로 추앙되고 있는데, 최근의 고고학적 발견으로 아주 흥미롭게 재조명되고 있는 히브리 음악에 직·간접으로 중요한 공헌을 하였던 것이다.[100] 또한 그는 군대장관과 정치가로서도 탁월하였다. 헤브론에서 7년 동안 치리하면서 자신의 세력을 공고히 하였고 블레셋과 싸워서도 명백한 승리를 거두었다. 최근의 고고학 연구에 의하면 드빌과 벧세메스의 방어벽이 블레셋의 침략에 대항하는 일환으로 다윗이 건립했다는 주장이 강력히 제기되었다.[101]

북지파의 두령들은 사울의 막내 아들인 이스바알(이스보셋)을 저격한 다음에[102] 다윗을 재통합된 이스라엘의 왕으로 추대하였다. 하지만 다윗은 그 자신이나 전임자가 그러한 지파의 지지가 변덕스러움을 체험해 보았으므로 새 수도를 새로 연합된 두 왕국의 경계이면서 비(非)이스라엘 지역인 곳에 직접 정하게끔 된 듯하다.

---

100) *Archaeology and the Religion of Israel*, pp. 125-129.
101) *Tell Beit Mirsim*, Ⅲ, pp. 12 이하, 37; Y. Aharoni, *Bull. Am. Sch. Or. Res.*, No. 154, pp. 35-39에서는 문제의 방어벽이 솔로몬의 하솔 구조와 닮았으므로 솔로몬의 것이라고 한다. 그러나 솔로몬의 축성술이 텔 벳-미르심과 벧세메스의 방어벽보다 훨씬 나았고 축성 양식이 종종 천천이 변화되었다는 사실로 미루어볼 때, 나는 솔로몬의 것으로 보지 않는다.
102) 이 이름에 대해서는 *Archaeology and the Religion of Israel*, p. 207, n. 62를 보라.

간략하면서도 불분명하게 예루살렘 정복이 이루어졌는데, 그 이후로는 공식적으로 '다윗의 성'으로 명명되었다. 예루살렘은 이스라엘 지파 체제의 관할 밖에 있었고 오직 왕에게만 종속되어, 고토를 버리고 이스라엘과 주변 국가에서 '제왕 고관'(royal officials)이란 의미로 보통 사용되었던, 합법적인 '왕의 공복'이 된 인척과 측근들로 차게 되었다. 이러한 것을 보면 다윗은 완전히 천재적인 정치꾼이었음을 알 수 있다.[103]

예루살렘에 자기 성을 지은 다음에 다윗은 놉의 대학살에 살아남은 몇 안 되는 잔존자를 자기 성으로 데려옴으로써 지파 동맹의 전통을 자신에게 유리하게 이용하였고, 이스라엘 신앙의 고대 상징으로 숭앙된 법궤가 안치될 성소를 역시 자기 성에 세웠다.

구약 전승에 의하면 다윗은 여부스족에게서 얻은 예루살렘을 굽어 보는 북쪽 산 정상에 성전을 세우는 정교한 계획을 추진중이었다. 그러면서도 제의 조직이나 특히 관현악단 체제 등에 광범위한 수정과 증진을 도모하였다.[104] 특히 매지파마다 제사장과 레위인을 위해 네 곳을 배려한 레위인 도시목록을 살펴보면, 원래 이 목록이 그 가능성이 아주 희박한 후대의 소설적인 것이 아닌 한 다윗 통치의 후기(혹은 솔로몬 통치의 맨초기)에 속한 것이다. 왜냐하면 역사적이고 고고학적인 지침상 문제의 도시들이 모두 당대에 이스라엘에 있었고 당시의 역사적 배경이 잘 어울리기 때문이다.[105] 제사장과 레위인을 전국에 흩으면서,

---

103) Albrecht Alt, *Kleine Schriften*, Ⅲ, pp. 252 이하; Alt, "Die Staatenbildung der Israeliten in Palästina", *Kleine Schriften*, Ⅱ, pp. 24 이하., 43 이하를 참조.

104) *Archaeology ane the Religion of Israel*, pp. 125 이하. 이 주제에 대해 나는 (미간행) 논문인 "History of the Religion of Israel"에서 훨씬 자세히 다뤘다.

105) Samuel Klein, 'Are Hakohanim Vehalviyim, *Mehqarim* Ⅲ, Ⅳ (Jerusalem-Tel-Aviv, 1934); Albright, *Louis Ginzberg Jubilee Volume*, English Section, pp. 49 이하. B. Mazar, *Vetus Test. Suppl.*, Ⅶ(1960), pp. 193-205. 레위인의 도성 목록이 팔레스타인 정착 시대로 소급되는 유토피아적이라는 Y. Kaubmann의 견해는, M. Haran(*Jour. Bib. Lit.* LXXX(1961), pp. 45 이하, 156 이

다윗은 정상적인 야웨신앙을 퍼뜨리는 동시에 그들의 세력을 정치적으로 약화시킨 것이다.[106]

마찬가지로 레위인 도시에 포함되어 있는 6개의 피난처도 다윗의 통치 기간이나 그 직후에 제정된 것이다.[107] 이러한 제정은 가나안 치하이건 이스라엘 치하이건 혹은 아랍 치하이건 팔레스타인의 지파 역사에 나오는 그룹이나 공동체에게 반복적으로 끝없이 계속되었던 피비린내 나는 보복 전투를 진압하기 위한 일환이었다. 어떠한 안정된 정부도 피 튀기는 쟁투와 공존할 수는 없다. 다윗의 유명한 인구 조사도 결국은 지파의 권한을 제한시켜서 왕 중심의 귀족 계급 행정에 지파를 귀속시키고자 하는 노력의 또 다른 일환이었다. 솔로몬이 이스라엘을 옛날의 지파 영토에서 새로운 행정구역으로 크게 재편했는데, 이것은 그의 부친이 이미 시도했던 계획과 걸맞는 것이었다.

다윗은 에돔과 모압 및 암몬과 아람 그리고 블레셋에 대승을 거두어 이스라엘의 명목상의 경계를 북서쪽으로는 수리아 중부와 북동쪽으로는 유브라데 계곡까지 확장했다.[108] 갈멜에서 욥바 남부에 이르는 전해안이 이스라엘의 것이 되었고 블레셋은 조공을 바쳐야 될 정도로 약화되었다. 또한 모든 전리품과 조공이 모두 왕의 창고에 쌓이게 되니 왕은 굉장히 부유하게 되었다. 따라서 이러한 풍부한 재물을 이용하여

하)도 취했지만 고고학적 사실과 역사적 개연성을 도외시한 것이다. 나는 P 문서가 취한 견해가 '허구적이고 비실재적'이란 그의 의견에 동의치 않는다. 그러나 P가 도식적이고 첫 성전 건립 이전에 성막 시대의 상황을 제대로 다 묘사하지 않는다는 것은 인정한다.

106) Albright, Ibid., p. 59, n. 24. 참조.
107) Ibid., p. 54와 참고문헌을 볼 것. 아주 충실한 최근의 연구로는 각 도피성의 다윗 시대 훨씬 이전에 도피처로 사용되었다는 데는 의심의 여지가 없다. 내가 여기서 말하는 것은 6개의 도피성에 대해서이지 아주 고대에서 행해졌던 풍습을 일컫는 것이 아니다.
108) *Archaeology and the Religion of Israel*, pp. 130 이하. 수리아 본토에서 다윗 왕국은 홈스(Homs)지역에 있는 하맛 경계에까지만 이르렀으나 그는 소바(Zobah)를 관할했으므로 그가 유브라데 계곡에까지 영토 확장을 하는 데 정치적으로 그를 막을 세력은 없었다. 당시에 아람인들은 여전히 부분적으로 유목민이었다.

부분적으로 용병과 궁중의 관원을 증원하게 되었고, 이 모두는 오직 왕에게 사적으로 귀속되었다. 왕의 기능적 인원은 직접적으로든 혹은 가나안(페니키아)를 통해 간접적으로든 애굽의 귀족 체계를 모델로 삼아 조직되었다.[109]

다윗은 왕위 계승을 규정해서 이스라엘의 왕 제도를 정착시키는 데는 분명히 실패하였다. 압살롬의 봉기같은 것은 아직 카리스마적 지도력이 주름잡고, 공인된 왕조 계율이 제대로 뿌리박지 못한 사회에서나 가능한 것이다. 압살롬 주위에는 이스라엘에서 불만을 가진 모든 사람들이 모여 들었는데 왕실이 성공을 거두지 못한 것에 대해 마음이 쓰렸던 다윗의 옛 친구나 친척도 있었고, 사울의 가계에 속했던 사람이나 지지자도 있었다. 또한 다윗의 국가 조직에서 심장부를 차지하고 있는 유다를 싫어하는 비유다계 이스라엘 사람들도 있었다. 다윗의 임종 때조차 반란이 일어나서 왕의 넷째 아들인 아도니야는 왕실에서 선호하는 솔로몬을 제거하려 하였다. 아도니야를 왕으로 삼으려는 시도는 실패로 끝났으나, 이스라엘 미래의 단합을 위해서는 불길한 전조였다.

솔로몬의 긴 통치 기간(약 BC 961-922년)[110] 내내 이스라엘은 물질적으로 사상 최고의 절정을 맞았다. 솔로몬은 당시의 우호적인 경제적 주변 상황을 아주 지혜롭게 이용할 뿐 아니라, 막대한 부와 권력

---

109) *Archaeology and the Religion of Israel*, pp. 108, 120과 참고 문헌 참조.
110) 이 시대의 연대기에 대해 내가 다룬 것은 *Bull. Am. Sch. Or. Res.*, No. 100, pp. 16-23. 나의 연대는 개략적이지만 아주 꽤 융통성이 있으므로 다른 체계보다 더 만족스럽게 보인다. 따라서 Max Vogelstein, *Biblical Chronology, Part* I(1944)에서의 복잡하고 엄격한 요세푸스(Josephus) 체계와는 날카로운 대조를 이룬다. E. R. Thiele, *The Mysterious Numbers of the Hebrew Kings*(1951)는 아주 유용하지만 열왕기에 나오는 모든 숫자를 그대로 인정하기 위하여 과도한 조화 방법을 사용한다. 그의 체계는 종종 역대하의 자료와 크게 불일치하고 요세푸스가 보존한 메난더(Menander)의 두로 연대기(Tyrian chronology)와 맞지 않는다. 두로 연대기에 대한 나의 토론으로는, *Mélanges Isidore Lévy, Annuaire de l'Institut de Philologie et d'Histoire Orientales et Slaves*, XIII(1955), pp. 1 이하를 참조.

을 물려 줌으로써 동시대인들이 그를 전설적인 인물로 만들 만큼 깊은 인상을 주었다. 수십만의 모슬렘 교도 사이에서도 모든 인간과 영령을 지배하였다고 하는 솔로몬의 부와 지혜는 아직도 모든 민담과 잠언집에 넘쳐나고 있다. 당시의 정치적 상황을 보면 이스라엘에게 놀랍도록 유리하였는데, 애굽은 약체인 탄 왕조(Tanite dynasty)의 지배하에 아시아를 간섭할 위치가 못 되었고, 앗수르도 낙후된 디글랏-빌레셀 (Tiglath-pileser) 2세(966-935년)의[111] 지배하에 나라가 역사상 가장 저하되었고, 두로에 수도를 둔 새로운 시돈 국가는 해상 무역과 상업이 확장되면서 함입되었다.[112] 아람은 솔로몬의 통치 때 재생하려고 하였으나 다윗에게 완전히 패했기 때문에 힘을 못썼다.

따라서 솔로몬은 특별히 어떤 군사작전을 전개할 필요가 전혀 없었다. 단지 앞으로의 가상의 적을 경계하여 강력한 보병을 육성하였는데 이 보병은 그의 부친이 차용하기를 싫어했던 철병거로써 주로 구성되었다. 열왕기와 역대기에 나오는 숫자가 상충되지만 가장 가능한 수치는 병거가 1,400, 병거의 말을 위한 마방(馬房)이 4,000여 개, 말이 12,000필 정도였다. 약간 과장해서 어림잡아도 이 정도는 한 세기 후에 카카르(Qarqar) 전투에서 다메섹의 하닷에셀이 살만에셀 3세에 대항하여 파견한 규모와 엇비슷하다. 솔로몬이 재건한 병거성 중의 하나가 발굴되었는데, 므깃도 발굴자들은 다음 세기에 이곳에만 잘 설비된 마방이 약 450개에 이르는 것으로 추산한다.

외세의 공략에 이 정도로 튼튼히 해 놓고 솔로몬은 무역과 당시에 개화되던 문명 예술에 큰 관심을 기울였다. 우리 자료가 보여주는 바로는 힛타이트와 북 수리아 및 시칠리아뿐 아니라, 페니키아와 애굽, 남아라비아 및 인근 지역과 상업이 이루어졌다. 솔로몬은 애굽과의 연

---

111) 앗수르 연대에 대해서는 *Jour. Near East. Stud.*, 1943, p. 88. 이 연대는 다음 논문에서 지지되고 있다. O. R. Gurney, *Anat. St.*, 3(1953), 17.

112) 시돈의 국가 성격에 대한 나의 토론인 *The Bible and the Ancient Near East*, pp. 341 이하를 참조하라.

혼(連婚)을 통해 우방 관계를 맺었으며 두로의 히람(BC 969-936년)과도 홍해와 인도해 및 지중해까지 정교한 무역로를 개척하면서 동반 관계를 이루었다.

당시에는 페니키아가 상업을 팽창하는 것이 극에 달하여 무역 식민지가 최소한 서부의 사디니아(Sardinia, 다시스[〈Tarshish〉]까지 뻗쳐 있었다.[113] 페니키아의 식민지 활동에서 필수적인 한 가지는 광산업이었는데 특히 사이프러스와 사디니아의 풍부한 구리 저장고를 캐내는 것이었다. 페니키아의 이러한 팽창 정책이 (불가능하게 보이지도 않지만) 히람의 시대처럼 일찍이 남부 스페인에까지 미쳤었는지는 확실치 않다. 하지만 ('정련소'?라는 의미의)[114] 다시스의 명칭이 다음 세기에서는 남사디니아의 노라(Nora)도 가리키는 것이 있음은 주지의 사실이다. 페니키아와 동업한 덕분에 솔로몬도 최근에 넬슨 글뤽(Nelson Glueck)이 발굴한 홍해의 북쪽 끝(아카바만)인 에시온－게벨에 구리 제련소를 건립할 수 있었다.[115] (왕상 7:45에 나오는 놋 작업뿐 아니라) 이 제련소의 구리는 사해의 남부와 북부 양쪽에 다 있는 골(Ghor)이라는 곳의 최근에 발견된 구리 광산에서 나온 것이다. 솔로몬이 페니키아의 맺은 동반 관계 못지 않았던 것은 이러한 범주에서 역사에 처음 등장하는 유명한 여왕 시바를 비롯한 '모든 아랍의 왕'들과 상업적으로 맺은 관계였다. 이때에 사막의 대상은 원거리 여행을 할 수 있는 낙타를 사육하여 급진전을 보았다. 솔로몬이 이러한 새로운 부의 원천이 되는 수단을 유용한 첫 지도자였던 것은 물론이다.

---

113) *Bull. Am. Sch. Or. Res.*, No. 83, pp. 14-22, No. 95, p. 38.

114) 구리 궤짝을 가득 실은 배가 아나톨리아 남서 해안에서 발견되고 George F. Bass에 의해 탐사되었다. *Amer. Jour. Arch.*, 65(1961), pp. 267 이하 참조.

115) Nelson Glueck, *The Other Side of the Jordan*, pp. 89-113를 보고 구리 광산과 일반적인 제련에 대해서는 Ibid., pp. 50-88와 *Bull. Am. Sch. Or. Res.*, No. 90, pp. 13 이하를 참조하라. 그 이후로 Glueck, Buns Rotheuberg와 금속업의 전문가들이 많은 연구를 진척시켰으나 아직 명확한 모습은 나오지 않고 있다.

이러한 수단을 사용하여 솔로몬은 일련의 웅대한 건축 작업에 착수하여 때때로 모호하기도 하지만 자세한 열왕기상의 묘사 덕분에 친근한 성전과 궁전을 지었다. 게셀과 므깃도 및 하솔을 요새화한 것도 발굴로써 실증되었으며(성경에는 나오지 않는) 므깃도의 마사(馬舍)나 에시온 게벨의 정련소도 이미 지적한 바와 같다. 전체적으로 페니키아의 영향력이 주도적이었는데, 궁전과 성전 건축에서 특히 그러하였다. 세부적으로 솔로몬의 석조 건축 특징인 돌 다듬기나 외곽 유형은 사울이나 다윗 때와는 날카로운 대조를 이루는데 아이올리스 이전(proto-Aeolic) 시대의 벽기둥이나 세부적인 건축 치장을 하고 있다.[116]

이러한 것을 위해서는 막대한 재물과 노역이 들었을 것 같은데 솔로몬은 근자에 정복한 해안 평야 지대인 에스드라엘론의 가나안족과 갈릴리 외곽 지역의 부족을 이러한 국가적인 용역(mas 'obed)에 사용한 것이다.[117] 그는 또한 요단 저편의 정복한 나라(에돔, 모압, 암몬) 부족을 용역에 투입하기도 하였다. 하지만 이러한 값싼 노동력이 부적절한 것으로 드러날 경우에는 자유로운 이스라엘 사람을 한 달은 레바논에서 두 달은 자국에서 일하는 식으로 번갈아 하는 용역 부대의 부역(corvée; mas)에 의존하기도 했다. 이스라엘의 징병이 30,000명이었다는 기록이 맞다면 1960년에 징집된 6,000,000명의 미국인에 해당하는 인구 비율이다.[118] 하지만 솔로몬조차 이러한 거대한 노동력을 성전

---

116) *Archaeology of Palestine*, pp. 123 이하; G. E. Wright, *Biblical Archaeology*, pp. 130 이하.

117) I. Mendelsohn, *Bull. Am. Sch. Or. Res.*, No. 85, pp. 14 이하.

118) 이러한 계산은 다음 사항에 기초한 것인데 고고학이나 문서상의 증거가 BC 701년의 (부족으로서가 아닌 국가로서의) 유다 인구를 약 250,000로 보는 데 일치한다(거의 오차가 없는) 앗수르 기록은 유다의 요새화된 성읍 46군데의 인구를 약 200,000보다 조금 더한 것으로 계산한다(이 성읍의 숫자는 고고학적 발굴 결과와 잘 맞고 수 15장의, 필자 의견에는 9세기에 적용되는, 중요한 성읍 전체 60곳과도 엇비슷하다. 다음 글을 볼 것. F. M. Cross, Jr.과 G. E. Wright, *Jour. Bib. Lit.*, 1956, pp. 202 이하). 텔 베잇 미르심은 유다 성읍의 인구를 어림하는 좋은 예인데 8세기에 약 3,000명이 되었다 (*Tell Beit Mirsim*, Ⅲ, p. 39). 따라서 정복된 성읍의 전체 인구는 150,000으로 추산

과 다른 공익을 위한 건축 외에 다른 일을 위해 사용한 것 같지는 않다.

솔로몬은 다윗이 명백히 초안한 정책을 계속 밀고 나가서 지파의 연계를 약화시키고 왕중심의 권력 집중화를 꾀했으며 제사장들을 장악하였다. 중앙 집권화를 추진하면서 지파 구분에 있어서 옛 지파와 경계와 이름은 마찬가지면서도 큰 차이가 있는 12개의 비슷비슷한 규모의 행정구역으로 대체되었다. 그리고 열왕기상 4장에 나오는 새로운 구역의 장들은 다 왕의 측근 출신이었는데 그중의 둘이 솔로몬의 딸들과 혼인하였다는 것만 봐도 왕의 친위 세력을 확보하기 위한 수단이었음이 여실히 나타난다.

유다는 이러한 행정 구역에서 제외되었고 특혜를 받았다는 것이 역설되기도 하나 열왕기상 4:19-20은 이러한 해석과 모순되며 다윗이 왕좌를 이러한 지파 구분 우위에 놓으려 했다는 것과는 크게 다른 모습

된다. 따라서 예루살렘과 주변 부락 및 네게브와 산지의 반유목민을 각각 50,000으로 본다면 전체 250,000명에 도달케 되는 것이다. 그리고 이 숫자는 예루살렘 거민이나 혹은 네게브의 반유목민, 아니면 당시에 전사자나 산지로 도망한 사람을 포함치 않은 앗수르 계산의 200,000명과 잘 맞는다. 최근의 고고학적으로 확실히 입증된 바로는 다윗이 천하통일을 하면서 많은 새로운 성읍과 부락 건설이 가능해진 때인 10세기 중엽과 그 이후에 유다의 인구는 아주 괄목할 만큼 팽창한 것이다. 더욱이 솔로몬 치하에서 상업과 산업이 급격히 늘어나면서 역시 인구 증가가 되었다. 또한 J. L. 켈소(Kelso)가 지적한 대로 철기구가 목기나 청동기를 대체하면서 물질적으로 더 많은 생산을 해서 풍요롭게 된 것이다(이러한 것은 거대한 농기구를 농업의 혁명이 일어난 중세 이후의 서유럽에서 일어났던 현상과 아주 흡사하다). 나는 다른 논문에서(*Jour. Pal. Or. Soc.*, 1925, pp. 20-25), 민수기에 나오는 2번의 인구조사 보고서가 다윗시대 당시에 12지파에 전체 약 600,000명이 되었던 기록의 2가지 다른 보고서라고 제안한 바 있다. 여기에 나오는 약 125,000명은 (협의의 부족이 아닌 국가로서의) 유다 중에 수 15장에 포함된 영토의 인구이다. 이것이 맞다면 BC 975년과 701년 사이에 남지파의 인구가 약 2배가 되었다는 우리의 추론은 정당하고 특히 고고학적 증거와 놀랍도록 일치한다. 다윗 인구 조사의 다음 세대에서 인구가 $\frac{1}{4}$에서 $\frac{1}{3}$정도 증가한 것으로 보는 것이 보수적인 견해이면 솔로몬 시대 중기의 전체 인구를 최소한 75만으로 산정해도 될 것이다. 인구 조사 목록에 대한 다른 해석으로는 G. E. Mendenhall, *Jour. Bib. Lit.*, 77(1958), pp. 52 이하.

을 보이고 있다.[119]

이렇게 나뉘어진 구역의 주 임무는 매달마다 돌아가며 궁중에 필요한 것을 공급하는 일이다. 열왕기상 5:2 이하에 기록된 매일 양의 크기가 맞다면 1년 평균 각 구역이 담당할 양은 900골(kor)의 거친 밀가루와 1,800골의 소맥, 밀, 900마리의 소, 3,000마리의 양 등이다.[120] 한 골(kor)은 약 6부셀(bushel, 약 2말 혹은 36리터)과 같은데, 가나안족까지 합해 각 구역이 평균 100,000명 미만이었던 것을 생각하면 아주 무거운 부담이 되는 것이다. 이스라엘이 솔로몬 사후에 반역을 한 것은 조금도 놀랍지 않다!

다윗과 솔로몬이 통일 이스라엘을 다스렸던 70년간은 물질적으로나 문화적으로 큰 진보를 가져왔던 시기였다. 나라 전체에 새로운 많은 성읍과 마을이 들어섰고 인구도 쉽게 두 배가 되어 (이스라엘만) 약 400,000에서 800,000이 되었고, 공공 보안도 크게 향상되고 지난 시대 때의 특징인 지하의 곡물 웅덩이도 이때의 발굴 유적지에서는 사라졌다. 건축, 예술, 음악 등도 놀랍게 발전했다. 문학도 많이 대중화되어 다윗은 시편 기자로서, 솔로몬은 많은 잠언과 우화의 작가로서 더 한층 명성을 떨쳤다. 다윗의 몇몇 저작들처럼 솔로몬의 문학적 재질도 후세에 충분히 잘 어필되어 본래대로 보존된 것인지는 확실치 않다. 하지만 잠언이나 아가서의 얼마 만큼이 포수기 이후의 것인지도 알 수 없다. 하지만 다윗의 죽음과 솔로몬의 즉위 사건을 아름답게 묘사한 기사에서 생생히 나타나듯 솔로몬의 시대에 고전적 히브리 산문이 그 정확한 양식 정경 형태를 갖춘 것은 틀림없다. 애굽식의 이름이나 다른 힌트에서도 알 수 있는 대로 요셉 이야기와 같은 창세기 JE기사는 바로 이 당

---

119) 이 주제에 대해서는 Alt, "Staatenbildung," *Kleine Schriften*, II, p. 44, n. 4와 거기에 있는 참고문헌 및 나의 토론을 볼 것. *Archaeology and the Religion of Israel*, pp. 140 이하.

120) 솔로몬의 식량 조달 체제와 유사한 바벨론 것에 대해서는 R. P. Dougherty, *Annual Am. Sch. Or. Res.*, V, pp. 23 이하를 참조.

시에 그 문학적인 구색을 갖춘 것이다.[121] 그러면서 특별히 이 시대에는 문학이 꽃피었다. 언젠가는 당시에 증가일로에 있었던 문학 예술에 대해 고고학적으로 입증하고 문서화할 수 있을 것이다. 현재로서는 한 해의 농경생활을 표시해 둔 학교 교육용인 게셀 월력(Gezer Calendar)이 솔로몬 시대나 바로 그 직후로 추정되는 유일한 히브리 문서이다.[122] 이 문서에 나오는 의문의 학생과 선생 덕분으로 우리는 히브리어의 문자 모양과 철자법 역사를 알 수 있는 한없이 귀중한 자료를 얻게 된 것이다. 이러한 당시의 객관적 자료는 성경 본문을 연구하는 학자들에게는, 주관적으로 이루어진 어떠한 전제나 가설보다 훨씬 더 값어치가 있다.

---

121) J, E, JE, D, P 는 성경학자들이 오경을 구성하는 여러 문서들에 대한 지칭인데 이러한 표시는 순전히 기술적이다.

122) 이 본문을 내가 다룬 것으로는 *Bull. Am. Sch. Or. Res.*, no. 92, pp. 16-26; *ANET*, p. 320.

제 6 장
왕조의 분열에서 예후의 반란까지

솔로몬이 오랜 전통의 지파와 개인의 권리를 오만하게 무시함으로 점점 더 백성을 소외시키게 되었는데 특별히 왕실과 혈연이나 보상면에서 남쪽보다 영향력이 덜한 북부의 지파들에서 심하였다. 그의 아들 르호보암에 대한 반역이 불붙은 때인 BC 922년경 솔로몬은 아직 타계하지 않았던 것 같다.[123] 이 반란은 세겜의 남서쪽에 있는 세레다(Zeradah) 출신의 에브라임 사람인 여로보암이 주도하였는데[124] 그는 본래 예루살렘을 축성할 때 솔로몬이 요셉 지파의 용역을 감독하도록 채용한 관리였다가, 피치못해 애굽 왕 시삭에게로 피신했던 사람이었다. 그리고 이 애굽왕 또한 리비아계의 강력한 귀족 출신으로 애굽의 마지막 탄가계(Tanite, 약 935년경)의 왕이었던 수셴느(Psusennes) 2세를 폐위시키고 부바스트(Bubastite, 22대) 왕조를 세우며 자신이 왕좌에 올랐다.[125] 시삭은 탄왕조의 유약하고 준(準)제사장적 지배체계를 에돔인 하닷이나 북이스라엘 사람 여로보암을 예루살렘에 있는 그들의 영주로부터 보호해 줄 정도로 강력한 정책을 펴며 밀어 부쳤다. 르호보

---

123) 이 연대기에 대해서는 위의 주 110 참조.
124) *Bull. Am. Sch. Or. Res.*, No. 49, pp. 26 이하.
125) 이 연대에 대해서는 *Bull. Am. Sch. Or. Res.*, No. 130, pp. 4 이하., No. 141, pp. 26 이하.

암이 아직 제대로 조직화되지 못한 북이스라엘을 단 한 번에 쳤다면 승리할 수도 있었을 것이다. 하지만 그러한 공격을 감행하지 않은 것은 틀림없이 이미 솔로몬 제국을 뒤엎으려는 계획을 하고 있었던 시삭의 경고가 크게 작용한 때문이다. 어쨌든 르호보암은 애굽의 침입위협에 큰 경각심을 갖고 어떤 보복보다는 남부와 서부에서 유다로 진입하는 여러 주요 전략 도로나 성읍을 방비하였다. 역대기에는 이러한 도시 중에 15개가 나열되어 있는데 애굽 군대의 침입에 실제 가장 강력한 저지선을 구축할 수 있는 성읍들이 잘 선택되어 있다.[126]

결국 르호보암 5년(약 918년경)에 쳐들어 왔을 때 유다 및 그 종속국 블레셋과 에돔에 엄청난 재해를 안겼다. 유명한 카르낙 목록(Karnak List)에 의하면 시삭은 150여 곳 이상을 정복했다고 열거하고 있다. 이 중에 많은 에돔의 지명이 나오는 것은 최근에야 확인되었다.[127] 고고학적인 증거물은 열왕기와 역대기에 나오는 기사의 진실성을 확인해 주고 있는데, 리비아와 에디오피아의 야만족으로 주로 구성된 거대한 애굽 군대는 사방에 불을 지르고 칼을 휘둘러서 드빌과 벤세메스 같은 도시를 완전히 황폐케 하고 말았다. 시삭은 아시아에서 한 번 그랬고, 유다뿐만 아니라 이스라엘을 초토화 시켰다. 이 목록에 북이스라엘의 성읍까지 포함된 것이 맞는 것은 카르낙 목록철에 나오는 성읍 중 하나인 므깃도에서 시삭이 크게 승리를 거둔 것을 가리키는 비문 조각이 발견되었기 때문이다. 유다에 공포를 조성해 놓고서 여로보암은 약 3천 년 전에, 나치가 폴란드를 점령하고 러시아를 향했을 때 스탈린이 한 것과 바로 똑같은 경험을 해야 했던 것이다.

그러면서도 여로보암은 적지 않은 기지를 발휘하여 북지파와 예루살렘의 연계를 끊어 버렸다. 그러면서도 이전의 행정구조를 그대로 유지했는데 8세기 북이스라엘의 행정조직에서 서쪽 므낫세와 길르앗,

---

126) Beyer, *Zeits, Deutsch. Paläst. Ver.*, 1931, pp. 113-134.
127) *Tell Beit Mirsim*, Ⅲ, p. 38, n. 14와 거기에 인용된 문헌 참조. 시삭에 대해서는 특히 B. Mazar, *Vetus Test. Suppl.*, Ⅳ (1956), pp. 57 이하를 참조.

돌(Dor), 므깃도 등이 독립 구획을 이룬 채 솔로몬의 행정 구역 재편을 그대로 따르고 있는 것은 우연이 아니다.[128] "백성이 많아 질지어다"라는 뜻의 이색적이고 고풍인 그의 이름까지 그의 경쟁자인 르호보암(Yirhab'am, "백성이 창대케 될지어다")의 역시 고풍적인 이름을 분명히 닮았다. 왕이 이름을 두 개 갖고 있는 것은 꼭 애굽뿐만이 아니었다. 솔로몬(여디디아)부터 유다의 일곱 왕이 이중 이름을 갖고 있었고 아람 왕 중에도 최소한 두 왕이 그랬다. 여로브암이 세겜을 처음 수도로 삼은 이유가 최소한 부분적으로 엄격하게 보면 이스라엘 지파 조직 외에 있었고 므낫세에 있었던 고대 가나안과 히브리 요충지였기 때문이라는 것은 상당히 가능한 얘기이다.[129] 세겜에서 디르사로 옮기면서 그는 역시 아직 제대로 지파에 편입된 도시가 아니었던 가나안의 고대 성읍을 택한 것이다.

여로보암은 종교 조직도 재편성하면서 엘리계의 제사장과 전통적인 제사 체계를 예루살렘으로 옮기면서 탁월한 수완을 발휘한 다윗계보다는 그 이전의 제사장 계보로 옮아갔다.

야웨의 보이지 않는 임재를 BC 3천 년대에서 AD 4세기에 이르기까지 남서부 아시아에서 고대의 폭풍의 신이 (보통 보이게 혹은 안 보이게) 딛고 서 있는 어린 황소와 아주 똑같은 소의 등 위에 서 있는 것으로 묘사하는 것은 아마 고대의 북이스라엘 전통에서 유래하는 듯하다.[130] 출애굽기 32장의 JE전승에 따르면 이미 모세의 시대에 아론이 금송아지 숭배를 이스라엘에 소개한 것으로 돼 있다. 개념적으로 따지자면 이러한 시행은 솔로몬의 성전에서 보이지 않는 야웨의 임재가 체루빔(Cherubim) 위에 상징적으로 있는 것을 나타내는 것과 마찬가지

---

128) 참조. *Jour. Pal. Or. Soc.*, 1925, pp. 37-44.

129) 다윗이 지파간의 질시와 음모를 가능한 한 배제하기 위해 이스라엘 본래의 지파 체계를 무시하고 예루살렘을 수도로 삼은 마찬가지의 정책에 대해서는 위의 주 103 참조.

130) *From the Stone Age to Christianity*, 1957 ed., pp. 298 이하.

로 우상숭배가 아니다.[131] 그러나 실제에 있어서 송아지는 이방과 연관이 되므로 신학의 이방화와 혼합주의를 부추기는 것이다. 혼합주의는 실제 일어났고, 신학의 이방화에 대한 뚜렷한 증거는 없으나 사마리아의 도기(ostraca)에 나오는 8세기 중엽의 사람 이름에 '야웨의 송아지'라는 뜻의 에겔-야(Egel-yau)가 있는데, 송아지 그 자체가 신이 아니라 단순히 신의 대리자라는 사실을 인식하고 표현한 것이다.

여로보암은 벧엘과 단을 새로 조직된 야웨 종교의 중심지로 삼았는데 전략 요충지일 뿐 아니라, 고대 순례자의 산당이 있었기 때문이다. 단의 제사장들은 모세의 자손임을 주장했고 벧엘에서는 아론의 자손이라고 했는데 모두 다 예루살렘의 제사장들이 분명히 기각한 주장들이다.

하지만 이렇게 이방화되는 경향은 예루살렘에서 솔로몬이 먼저 시작했는데 (이제는 전에보다 훨씬 더 많은 가나안적 요소를 포함한 것으로 인지되는) 성전의 복잡한 각양 종교적 양식과 치장뿐 아니라 성전에서 기드론 계곡을 지나서까지의 여러 곳에 각양 잡신을 허용한 결과 그렇게 된 것이다.

르호보암의 두번째 후계자인 아사는 그의 형제 아비야가 죽을 때 아직 어린 아이였기 때문에 왕비인 모친 마아가의 섭정하에 14년을 보냈다. 르호보암의 모친은 암몬의 공주 출신이고 마아가는 반(半)이방인인 압살롬가계에 속했으므로 모계쪽으로는 이방종교가 강세였다. 마아가가 가나안 풍족의 여신인 아세라를 공개적으로 숭모했다는 것도 놀라운 일이 아니다. 하지만 다행스럽게도 이 어린 왕은 야웨 신앙을 따랐고 나이가 들어 권력을 잡게 되어서는 극적인 개혁을 하여 유다에서 유일신 숭배를 다시 옛자리로 명예 회복시켰다.[132]

---

131) 체루빔에 대해서는 다음에 인용된 문헌 참조. *Archaeology and the Religion of Israel*, p. 216, n. 65.

132) *Archaeology and the Religion of Israel*, pp. 157 이하를 참조. 왕비 모친인 마아가와 아비야 및 아사 왕과의 관계에 대해선 S. Yeivin, *Bull. Jew. Pal. Explor.*

이스라엘에서 가나안의 다신교가 빈번히 득세하는 것을 제대로 판단키 위해서는 다신교가 오늘날의 주도적인 세속주의와같이 여러모로 대중적인 어필을 하는 점이 있었다는 점을 항상 유의해야 한다. 당시의 부(富)와 과학 및 미학적인 문화는 거대한 페니키아의 도시들이 전에 없던 번영을 누리고 있었고 팔레스타인의 해안에 있던 비슷한 군소 도시들도 마찬가지여서 모두 가나안 종교에 얽매여 있었다. 페니키아와 비교해서 이스라엘과 유다는 아주 가난하고 투박하여 당시의 유행이나 문명 기술, 생활의 물질적 만족도 등에서 크게 시대에 뒤떨어져 있었다. 또한 당시의 주술이나 마술 등 정교한 전위적 과학의 마력은 엄격하고 거의 미개하고 단순한 모세 신학을 배격하고 다신교를 옹호하는 데 마력적으로 사용됐다. 이스라엘의 여자들이 악신을 쫓기 위해 가나안 사람들이 하는 똑같은 부적을 사용하게 되면 무의식적으로도 그들의 자녀들은 가나안 생활 방식의 위험에서 빠져 나오기가 그만큼 더 힘든 것이다. 놀라운 것은 그러면서도 이스라엘에서는 모세의 방식이 승리를 거뒀다는 점이다!

그런 동안에도 유다와 이스라엘 사이의 간헐적인 갈등은 계속되었다. 아비야는 여로보암에게서 중요한 승리를 거둔 것으로 평가된다. 하지만 이스라엘의 잠재적인 힘은 유다보다 훨씬 더 컸는데 특히 시삭이 유다를 황폐케 한 다음에는 더욱 그래서, 그러한 승리는 단명한 것 외에는 아무것도 아니었다. 더욱이 아사는 최소한 한 번 애굽의 침입을 격퇴해야 했는데 그랄의 애굽 전방 요새에서 이디오피아 수비대 장군이 아마 이끌고 들어왔던 듯하다. '에디오피아인' 세라(Zerah)가 시삭의 계승자인 오소콘(Osorkon) 1세의 명령에 따라 움직였다고는 나와 있지 않으나 그럴 만한 충분한 가능성이 있다. 그러나 이스라엘의 바아사가 유다 북쪽 국경에 적개하인 행동을 했을 때, 아사는 사신을 아람의 벤하닷에게 보내 쉽게 북쪽에서 이스라엘을 침공하도록 설득하

Soc., 1943, pp. 116 이하를 볼 것.

였다. 그 결과로 (BC 878년경) 북부 갈릴리는 황폐케 되었으며 직·간접으로 요르단 동부와 야르묵(Yarmuk) 북부의 모든 이스라엘 영토에 손실을 입혔다. 따라서 아사는 이스라엘 멸망에 박차를 가한 셈이다. 이러한 준엄한 교훈에서 배우게 되었는지 다음 한 세기 반 동안 두 이스라엘 나라의 관계는 우호적이었다.

아사(BC 913-873년)와 여호사밧(BC 873-849년)의 긴 통치 동안 다윗의 가계는 유다에서 확고한 기반을 다지게 되었다. 그들은 에돔과 아카바만까지 다스렸기 때문에 대상들이 남단의 미디안 항구에 정박치 않는 한 아라비아의 대상 무역도 독점케 되었다. 그들의 부에 대해 전해지는 전승도 사실상 맞는 듯하다. 이스라엘의 유일신 사상 숭배자 집단은 이 왕들, 특히 그중에 여호사밧이 그들의 이방신과 잡신 숭배에 반해 야웨 신앙을 지지했기 때문에 늘 기억케 되었다. 역대기에 의하면 여호사밧의 치리 동안 행정적인 측면에서 커다란 변화가 있었는데, 전에 지방의 장로들이 운영하던 행정을 왕이 임명한 사사로 대체시켰고 종교적인 지도자와 지파의 우두머리로 이루어진 상고 법원 제도를 이룩한 것이다.[133] 이때부터 어떤 왕실의 사법관도 백성의 지지를 계속 얻기 위해 무시할 수 없도록 법령을 제공하는 사회법을 명문화하는 것이 관행이 되었다.

반면에 북이스라엘에서는 왕정이 날로 불안정해 여로보암의 아들 나답은 치리 2년 만에 암살되었고 그를 살해한 바아사가 대체했다. 그리고 그 다음에는 바아사의 아들 엘라가 전승에 의하면 치리 2년 만에 시므리에 의해 암살되어 시적인 정의가 되풀이되는 것같은 느낌을 주기까지 한다. 시므리는 바아사 집안의 모든 남자를 다 학살하였으나, 그 자신 또한 자신의 궁전에서 오므리에 의해 불타 죽었다. 오므리는 북이스라엘의 유일한 통치자로 군림하기 이전에(약 BC 876년경) 디브

---

[133] 역대기에는 나오나 열왕기에는 없는 대부분의 문서 자료의 역사성이 점점 드러나고 있는 것에 비추어 볼 때 대하 19:9-11의 분명한 진술을 거부하는 것은 맞지 않다. *Alexander Marx Jubilee Volume* (1950), pp. 61 이하의 나의 언급을 볼 것.

니(Tibni)라는 사람과 얼마간 사투를 해야 했다. 이때쯤 이스라엘은 아람에 야르묵의 북쪽인 동부 팔레스타인 땅을 잃었고(위 참조), 아르논 바로 북쪽 지역도 재기한 모압이 다시 점령했다. 이스라엘이 분열된 후 첫 반세기 동안 북이스라엘에서는 왕이 너무 빈번하게 바뀌므로 왕조가 계승적이 아닌 선택적이 된 것으로 추론하는 사람도 간혹 있으나 이러한 견해는 전혀 가당치 않다. 그보다는 아직도 카리스마적 지도자 사상이 여전히 맹위를 떨치고 있었으며, 북이스라엘에서는 영원한 왕조를 보장할 만한 영도력과 종교적인 제재가 놀랍게 합성된 지도 체제가 없었던 것이다.

하지만 오므리의 명성과 지도력은 광활하여, 왕위를 손자에게까지 물려줄 수 있었다. 오므리 왕조 동안(BC 876-842년) 이스라엘은 기반을 다져서 더 이상 붕괴되는 것을 모면하였다. 메사 비문(Mesha Stele) 덕택에 우리는 오므리가 모압을 재점령하고 아르논 북부의 영토에 이스라엘 백성을 재정착시켰던 것을 알 수 있다. 그는 아람도 물리쳤던 듯하다. 동시에 오므리는 서부의 지중해나 페니키아도 개척하며 정책을 폈다. BC 870년경 그는 동쪽을 향해 있던 수도 디르사를 서쪽 지중해와 서북부의 페니키아를 향하는 사마리아의 화려한 새 장소로 옮겼다.

크로푸트(Crowfoot)의 새 발굴로 라이스너(Reisner)가 오므리의 건축기간과 아합의 두번째 건축기를 구분한 것은 잘못되었음이 입증되었다. 실상은 오므리가 사마리아 건축을 시작만 한 것이고, 그의 아들인 아합이 간단 없이 계속한 것이다.[134] 오므리가 페니키아와 우호적인 관계를 가졌던 것은 자기 아들을 두로의 시돈 왕 잇토바알

---

134) J. W. Crowfoot, Kathleen Kenyon and E. L. Sukenik, *The Buildings at Samaria* (1942), pp. 5 이하; G. E. Wright, *Bull. Am. Sch. Or. Res.*, No. 155, pp. 13 이하를 보라. 그는 다음 저서에 나오는 K. 케년(K. Kenyon)의 견해를 논의한다. J. W. Crowfoot, G. M. Crowfoot and K. Kenyon, *The Objects from Samaria* (1957), pp. 94 이하, 198 이하.

(Ittobaal, 887-856)의 딸인 이세벨과 혼인시킨 데서 극명하게 나타난다. 이러한 우호 관계는 왕조의 영속성을 위해서는 치명적이었으나 부속적인 이스라엘과 페니키아의 무역 팽창을 통해 오므리나 아합에게는 막대한 부를 안겨 주었다. 이때까지 사드니아(Sardnia)뿐 아니라 북아프리카와 스페인은 분명히 식민지화 되어 있었고, 시돈의 세력이 절정에 달해 있었다.

하지만 아합은 주로 방어적으로 아람과 몇 차례 전쟁을 치뤄야 했는데 당시의 기록이 없어서 복잡한 정치 세력의 각축전을 재구성하는 것은 거의 불가능하다.[135]

그러나 매우 중요한 것은 앗수르의 팽창 위협이 아술나실아프리(Asshur-nasir-apli)가 BC 870년경에 북수리아를 점령하며 다시 현실화되었고, 이러한 것은 서유브라데스에서 앗수르가 활동을 멈췄던 한 세기 이상의 공백을 깨고 다가온 것이다. 하지만 다음 앗수르 왕 살만에셀 3세(앗수르 사람들은 분명 그의 사적 이름인 하닷에셀⟨Hadad-ezer⟩로 부른)가 하맛의 강력한 수리아 국가들과 아람을 직접 침공할 만큼 강하게 된 것은 853년에 이르러서이다. 벤하닷은 마리나 라기스 비문에 잘 나오는 횃불 신호와 같은 통신 수단 덕분에 일찍이 침략 계획을 입안해 두었다. 여러 작은 잡다한 군대와 하맛, 아람, 이스라엘의 주요 세 우방국의 지원을 받은 잘 짜여진 군대로 진격하며 아람은 하맛의 영토인 카르칼(Qarqar)에서 앗수르와 접전하였다. 이 전쟁의 결과는 뚜렷하지 않았으나, 어쨌든 앗수르는 퇴각하게 되었고 848년까지는 수리아 동맹군과 다시 전쟁을 하지 않았다. 그러는 사이에 아람과 이스라엘의 전쟁이 다시 터졌는데 넬슨 글뤽이 발견한 곳인 북동부 전선 라못-길르앗 앞에서 아합이 죽는 결과를 가져왔다. 이 전쟁의 가장 큰 흥미 거리는 유다의 여호사밧이 아합의 우방으로 아람에 반대해 참전했던

---

135) 역사적인 사건과 그 원인의 순서를 재구성하려는 노력에 대해서는 참조. Julian Morgenstern, *Amos Studies*, I, pp. 258-348; Alfred Jepsen, *Archiv f. Orientf.*, XIV(1942), 153-172.

것과 이러한 방어적인 우방 관계가 여기서 시작하여 오므리 왕조의 몰락까지 지속된 점이다.

    아합과 이세벨이 이 역사의 끝에까지 등장하는 이유는 그들 자신의 어떤 특성 때문이 아니라, 그들이 멸시하면서드 두려운 대상이었고 종래에는 그 영향으로 그들의 집안이 파괴케 된 완고하고 크게 부각된 길르앗 족속 때문이었다.

    엘리야는 그의 인물 됨됨이에 대해서는 별로 알려진 것이 없으나 그의 위대한 행적과 그 자신과 다음 시대에 준 거대한 영향에 대해선 많이 알려져 있다. 엘리야는 야웨의 선지자들이 영감받은 설교자와 개혁가의 무리로 한 세기 반 이상 알려진 후에 나타났다. 사울을 꾸짖었던 위대한 사무엘의 모범은 다윗의 조언자였던 나단과 갓에 의해 계승되었고 여로보암을 나무랐던 실로 사람 아히야와 바아사를 공격했던 하나니의 아들 예후에까지 이어졌다. 그리고 유다에서는 별로 알려진 것이 없으나 스마야와 아사랴에게로 이어졌다. 엘리야는 이러한 계보의 전승 중심에 서 있다. 야웨의 선지자들은 여전히 그 신탁이 황홀한 체험을 따르고 오랫동안은 기억되지 않는 영감받은 선견자였다. 아직은 미리 지어져서 구두나 문서로 감동을 받은 청취자가 전달하거나 후대에까지 계속 낭송되어 나중에 학자들이 문집(文集)으로 모은 뛰어난 시적인 설교를 하곤 했던 시기가 되지 못했다. 경건한 이스라엘 사람들은 특권 계급에 미치는 말씀의 영향에 의해 참선지자와 거짓 선지자를 분간하곤 했다. 특권 계층이 선호하는 선지자는 거짓 선지자였고, 그들이 불쾌히 생각하는 선지자는 참선지자였다.

    엘리야에 대한 전승은 숫적으로 몇 안 되지만 내용은 풍부하다. 잊혀질 수 없는 인물로 강하게 각인되어 있기 때문이다. 엘리는 길르앗 출신의 성직자(Toshab)로 묘사되어 있는데, 그러기 때문에 재산이 없었다. 황량한 사막 출신인 그는 영적 각성을 위해 한때 모세가 이스라엘 백성을 야웨의 발치에 인도한 적이 있는 하나님의 산에 올랐다. 그에게 있어 예루살렘과 벧엘은 권위적인 모세 전승의 견지에서 아마 동등하게 못마땅해 하였으며, 전승이 말하는 바는 전에는 결코 이스라엘에서 숭배되지 않은 바알에 대해 심히 분개했다는 것이다.

    두로의 공주는 자신과 함께 거대한 두로의 신인 바알(Baal-Melcarth)과 아세라 종교를 들여 왔다. 이세벨에 의해서 바알 숭배가 전해진 것은 이스라엘뿐 아니라, 최근에 출판된 BC 850년경의 아람의 벤하닷 비문에 보면 바알에게 서원제를 바치는 것이 나오는데, 이미 아람에도 또 다른 두로의 공주에 의해 바알 종교가 대중화되었던 듯하다.[136] 아세라가 특별히 두로와 관련이 있다는 것은 이세벨보다 500여 년 전 것인 케렛의 서사시(Keret Epic)에 의해 이미 입증이 된 바다.[137] 바알과 아세라 종교를 제멋대로 방치해 둔 것에 대해 엘리야는 무자비하고 준엄하게 반응했다. 아합 같은 인간에게 그는 예의바른 행동을 할 수 없었고, 완전한 박멸(herem, 제사적인 파괴)만이 가나안 문화의 혐오스러움을 억누르는 길이라는 사무엘 전승에 서 있었다. 엘리야에게는 가난한 자와 과부에게 공의를 행하는 것이 무엇보다 중요했다. 당시에 부와 사치가 늘어나면서 이스라엘은 모세의 "…말라"는 절대적 계명을 잊어가고 있었던 것이다. 엘리야 사후 얼마 되지 않아 오므리 왕조는 악의 시대의 필연적 종말인 유혈의 급류에 쓸려 몰락하고 말았다. 엘리야 선지가 없었더라면 우리는 당시 왕들의 이름과 즉위 년도 정도 이외에는 알 수 없었을 것이다.

---

    136) Levi della Vida와 필자의 *Bull. Am. Sch. Or. Res.* N0. 90, pp. 30 이하를 볼 것. 바알 멜카드(Baal Melcarth)에 대해선 다음의 계몽적인 설명을 볼 것. R. de Vaux, *Bulletin du Musée de Beyrouth*, Ⅴ, 7-20. 원문으로는 *ANET*, 2nd ed., p. 501를 참조하라.
    137) 참조. *Bull. Am. Sch. Or. Res.*, No. 94, p. 30 and n. 4. Keret Ⅱ와 Danel(Aqhat)에는 '거룩함' 이라는 뜻의 명칭 Qudshu(Qodesh)가 아세라의 이름으로 나오는 많은 부가적인 구절들이 있다.

제 7 장
예후에서 사마리아 함락까지

　　　　성경에 나오는 어떠한 혁명도 오므리 왕조에 대한 예후의 반란만큼 자세하게 묘사되어 있지는 않다. 먼저 그것은 이스라엘 땅에서 바알 종교를 완전히 박멸하겠다는, 엘리야와 그의 후계자 엘리사의 열화 같은 선전포고가 그 목표를 짧게나마 이루는 종교적인 대변란이었다. 이어진 유혈 제거 과정에서 오므리와 그의 걸출한 지지자들은 다 몰살되었고 붙잡힌 모든 바알 제사장과 선지자 및 신봉자들은 한꺼번에 다 살육당했다.

　　　　이러한 종교적인 변혁과 밀접하게 맞물린 것은 가난한 자들과 땅 없는 자들이 갈수록 커가는 새로운 귀족과 또 마찬가지의 상인 계급의 부와 대중의 빈곤의 격차에 분격하여 일으킨 사회-경제적 혁명이었다. 오므리 왕조를 따라다닌 여러 해 동안의 기근 때문에 간신히 연명키 위해 땅을 저당잡히거나 자식을 노예로 팔기까지 해야 했다. 솔로몬과 후에 오므리가 페니키아와 맺은 상호 무역 협정의 결과로 사마리아 발굴에서 생생하게 예시되는 바와 같이 이스라엘에 부가 폭증하게 되었다. 농민들이 어려울 때 부유한 상인들은 태고적부터 팔레스타인과 수리아에서 시행되어 왔던 고리대금업의 이율로 농민들이 어려움을 극복토록 필요한 자금을 대여해 주기도 했다. 예측할 수 없는 지중해의 기후로 말미암아 우기(雨期)와 가뭄이 번갈아 왔으므로, 이에 따라 사람과 돈의 유동도 심하여 정부의 대책으로 현명하게 잘 방비하지 않으면 농민들은 종종 파산하기 일쑤였다. 하지만 두로의 사기(史記)에조차 기록돼 있는 아합시대의 기근만큼 큰 가뭄이 없었다. 사회 정의를 악용한 특정한 예인 나봇의 이야기는 당시의 대중의 불만이 고조되면서 주된 이야기 주제가 되었다. 정착 사회의 악과 농경 문화 및 문화적 혜택을 배격했던 레갑 족속과 같은 극단주의자들은 예후와 합류했고, 성경 전승에 의하면 레갑 족속의 지도자였던 요나답은 유혈 혁명의 단계에서 혁혁한 공을 세웠다. 이 혁명의 세번째 면모는 군사적인 것이었는데 예후가 이끄는 군사 지도자들은 왕의 유약한 정책에 불만을 가졌으며, 그들이 이유로 지적한 것은 특권 계층의 사치스런 향락과 페니키아의 종교와 문화의 압도이다.

   예후가 좀더 유능한 사람이었다면 먼저 이스라엘을 재통일시키고 보복을 나중으로 미뤘을 것이다. 하지만 그에 대한 기록에 보면 그러한 능력은 없었고, 예후와 그의 아들 여호아하스의 치리하에서 북이스라엘의 상황은 급속도로 악화되었다. 피비린내 나는 철저한 정화와 개혁으로 그는 이전의 이스라엘 우방이었던 유다와 페니키아에도 반목을 샀다. 유다의 왕과 그 형제들도 살해되었고 이세벨 이래로 수많은 페니키아인들이 떼죽음을 당했으며 두로의 신인 멜카드(Melcarth)도 번복될 수 없도록 모욕을 당했다. 전의 우방국의 도움이 사라지자 이스라엘의 상황은 급속도로 황폐하여졌으며 아람의 하사엘이 침공하여 요단강 저편의 모든 이스라엘 영토를 합병하기에 이르렀다. 841년에 예후는 살만에셀이 하사엘을 공격하는 것과 연관해서 순순히 앗수르 왕에게 조공을 바쳤으며 이로 인해 아람은 크게 상처를 입었으나 항복하지는 않았다. 하지만 이스라엘도 앗수르에게서 더 이상의 도움을 받지는 못했다. 앗수르가 하사엘의 동쪽 영토 끝을 공격한 857년 이후에 아람 왕국은 하사엘의 사후 직후인 805년까지 다시 간섭을 받지 않았다. 앗수르가 그 자체의 문제가 있었기 때문이다. 즉 6년 동안 내전이 있다가 다시 11년 동안 나라를 견고히 세우게 되는 어려운 과정을 겪었고, 다

시 4년 동안 세미라미스(Semiramis)의 섭정을 받았다. [138]

예후의 아들인 여호아하스(약 815-801년)의 치리하에서 이스라엘은 다시 아람의 침입을 받아 종속국으로 전락하였다. 아합은 카르칼(Qarqar)에서 3천 병거를 거느린 것으로 기록돼 있으나, 이제 이스라엘 왕은 10승의 병거와 50여 명의 기수만 호위병으로 둘 수 있도록 허락된 것이다. 솔로몬이 지은 병거 성읍은 다 텅텅 비게 되었고, 특히 므깃도는 파괴된 다음에 바로 재건되지 못했다. 하사엘은 요르단 양쪽의 남부에 쳐들어 왔고, 팔레스타인을 침범하였으며, 기막힌 조공을 유다에 부과하였다.

그러면서 유다에도 일종의 혁명이 있었는데 훨씬 강도가 낮은 것이었다. 아합의 누이 동생 혹은 딸인 아달랴가 여호사밧의 아들인 여호람에게 시집을 갔는데 그 아들 아하시야가 842년에 예후에 의해 죽자 그 모친은 여왕이 되어 세력을 잡고 자신을 위협하는 모든 다윗의 혈통을 죽였다. 그녀 또한 바알의 신봉자였고, 대제사장 맛단은 전형적인 페니키아 이름을 갖고 있었던 것으로 보아, 문제의 신은 마찬가지로 두로의 멜카드였고 이미 그 숭배는 이스라엘과 아람에 만연돼 있었다. 다행히 아하시야의 아들 중 하나인 요아스는 야웨 대제사장인 여호야다의 부인이며 그의 숙모인 사람에 의해 구출되었다. BC 837년경에 봉기가 일어나 이 어린 왕자는 왕위에 올랐고 아달랴와 닷단은 죽임을 당했는데, 그 이상의 유혈 싹쓸이에 대한 언급은 없으므로 몇 년 전에 이스라엘에서 충돌을 불러 일으켰던 심한 사회, 경제적 요인들이 유다에는 없었던 것을 시사한다.

요아스의 치리(BC 837-800년경)는 어떤 면에서 뛰어난 바가 없었다. 아람의 하사엘에 의해 당혹스런 수모를 당했던 것이 기록돼 있다. 그의 아들 아마샤도 조금도 더 나을 바가 없었다. 한 세기 반 전에

---

[138] 다른 견해로는 Poebel, *Jour. Near East. Stud.*, 1943. pp. 80-84가 있으나 나는 그의 논조에 동의할 수 없다.

성공적으로 반역을 꾀했던 에돔을 재점령했으나 이스라엘의 요아스에게 형편없이 패했다. 요아스나 아마샤 모두 궁전에서 일어난 반역자들에게 피살되었고, 성경 전승에서 찬양과 견책을 함께 듣고 있다는 점이 특징이다.

이스라엘의 운명은 얼마 있지 않아 새로운 국면을 맞았다. 805년에 앗수르의 젊은 왕 아닷니라리(Adad-nirari) 3세가 다시 수리아를 공략하기 시작했고 802년에 아람이 항복했으며, 아람 왕은 이긴 앗수르에게 백 달란트의 금과 천 달란트 이상의 은을 바쳤다고 전해진다. 801년경에 요아스가 이스라엘의 왕이 되었고 잇따라 하사엘의 아들 벤하닷과 전쟁을 하여 아람에게 전에 잃었던 영토를 회복하였다. 그가 죽을 무렵에는 유다까지 종속국으로 전락시켜 그의 아들 여로보암 2세(약 BC 786-746년경)가 탁월한 통치를 하도록 기반을 놓았다. 여로보암의 치리하에서 이스라엘은 물질적인 힘으로나 부에서 극에 달했고 북방으로는 다메섹과 하맛을, 남방으로는 (왕하 14:28의 불완전한 본문에서 비치는 대로) 유다에까지 영토 확장을 했다. 고고학의 공헌으로 더 상세한 모습이 밝혀졌는데, 여러 가지 예술이 꽃피운 것뿐 아니라 사마리아와 므깃도의 건축 양식도 발전했다. 이 기간 전체 동안에 앗수르는 약한 상태였고 하맛과 다메섹을 계속 공략하면서도 수리아에 발판을 지탱하기 힘들었다. 더욱이 하맛과 다메섹은 당시 하맛의 왕 자킬(Zakir)의 비문에 생생하게 묘사되어 있는 대로 수리아에서 우위를 차지하였고 심한 각축전을 벌이고 있었다. 당시 페니키아의 식민지 확장 역시 최고점에 달하여서 부가 그 큰 도시의 창고에 마다 쏟아지고 있었다. 헬라도 점점 강성하기 시작하여 한 세기 이내에 헬라와 앗수르는 무역 왕국인 두로와 시돈에 심한 타격을 주게 되었다. 하지만 여전히 페니키아는 이스라엘이 자국 상품을 페니키아의 빽빽한 해안 항구를 통해 팔거나, 페니키아의 상사에 자본과 인력을 직접 투자하여 거대한 부를 챙길 수 있는 이웃이었다. 아라비아에서 이스라엘을 통과하는 대상들이 내는 통관세도 중요한 수입원이었던 것 같다.

여로보암 2세하의 이스라엘의 부와 힘은 바로 거대한 물질적 진보와 생활 수준의 눈에 띈 향상에서 나타났다. 또한 그러면서 빈부의 차도 심화되었으며 도덕적 타락도 증가되었고, 더욱이 기존의 가나안 관습과 새로운 지중해 연안의 관습이 오랫동안 페니키아와 함께 공유했던 국경 이내로 흘러 들어온 것이다. 또한 멜카드와 그 추종자들이 심한 해를 주며 맹위를 떨쳐도 평지에 전열하여 있는 고대 가나안 성읍에서 이전의 바알 종교를 몰아낸 것은 결코 아니었다. 열왕기하 13:16에 따르면 예후와 그의 아들은 사마리아에서 아세라를 제거하지 않았으며 이 아세라는 두로의 멜카드와 아세라 종교가 수입되기 이전까지 존재했던 것으로 추측해 볼 수 있고 덜 해로웠던 듯하기도 하다.

이러할지라도 사마리아에서 나온 BC 738-736년경(Yigael Yadin)으로 추정되는 도기 파편에 쓰여 있는 사람 이름들을 보면 '바알'이 나오는 이름이 '야웨'가 들어있는 이름과 여전히 비율적으로 7:11정도가 된다. 줄인 이름에는 야웨가 선호되는 것을 어느 정도 인정하더라도 야웨적인 이름에 대해 반 정도는 여전히 바알식 이름이다. 바알이 이스라엘의 하나님을 호칭했을 가능성은 없기 때문에 바알 신앙이 계속 이스라엘 땅에 살고 있던 사람들의 큰 비율을 점하는 근간이었음이 드러난다. 하지만 동시대에 유다의 사정은 매우 달랐다. 10세기에 유다의 사정은 매우 달랐다. 10세기에 아주 공공연했던 바알식의 이름이 8세기나 7세기의 문학 작품이나 비문에 거의 나타나지 않는다.

이것이 바로 호세아와 아모스가 그 시적인 설교를 한 배경이기도 하다. 몰겐스턴(Morgenstern)의 조합 이론이 맞다면[139] 아모스가 선지자 사역을 시작한 것이 752년경이고 그의 마지막 예언은 738년 직후에 전달된 것이다. 호세아의 시적인 설교도 746년에서 735년 사이에 했던 듯하다. 이 두 선지자 모두 야웨파 참선지자의 좋은 모범이고 백성과 치리자들이 야웨의 율법을 범하는 것을 견책하는 것을 자신들의

---

139) *Amos Studies*, pp. 161 이하.

주기능으로 느꼈다. 그들의 공식 석상 모습에선 옛날의 광적 선지자 뿌리를 찾아보기 어렵고 아주 시적인 연설에는 고유의 세심한 준비가 나타나 있는데, 고대 시문학에는 강한 가나안적 요소가 배어 있기 때문에 거의 인용하지 않은 것을 볼 수 있다. 이 두 선지자 모두는 이스라엘의 기원과 모세 시대에 대한 JE전승을 계속 숙지하고 있었으며 신성한 토라(Torah)를 강조하면서 자신의 주장을 내세우고 있다.

이 선지자들은 어떤 혁신가는 아니었으며 사무엘과 엘리야 같은 개혁가였는데 사랑이 미움보다는 더 잠재성 있고 국제적인 시각으로 이웃 나라뿐 아니라, 이스라엘과 유다도 편견 없이 보려는 보다 신사적이고 세련된 세태를 반영하였다. 아모스와 호세아를 다른 이스라엘의 선구자와 구분케 하는 것은 그들의 유일신론에 대한 열정보다는 더 진보한 문화 의식 및 보다 정련된 정신사적 미묘함에 대한 감각이었다. 호세아는 바알 종교건 산당이건, 혹은 단과 벧엘의 야웨 종교건 모세의 엄격한 유일신 전승에서 이탈하는 모든 형태의 종교 행위를 격렬히 비난했다. 이 두 선지자는 주위에서 볼 수 있는 이기적 사치와 부도덕성 그리고 가난한 자에 대한 핍박에 대해 격앙하였으며 개인적인 도덕과 사회적 복지를 날카롭게 구별하는 현대적인 착오를 범치 않았다. 당시는 비교적 단순한 시대였으므로 이 두 가지는 항상 연계돼 있었다.

웃시야의 오랜 치리(약 783-742년)하에 유다는 그 힘의 정상에 달했으며, 웃시야 통치의 명성은 역대기와 E. L. 서크닉(E. L. Sukenik)이 발견한, 왕의 납골당을 추앙하는 헤롯의 명패에 적힌 이야기[140]에서 볼 수 있는 대로 솔로몬 다음이었다. 여로보암 2세 즉위 후 몇 년 만에 16세의 소년으로 왕위에 올라서 여로보암의 빛이 바랠 때까지 웃시야는 정치적 역량으로 정상에 달하지 못했던 듯하다. 그러는 동안에 웃시야는 경제적이나 군사적 힘을 키우는 데 매우 바빴다. 역대기에 나오는, 그가 나라 안의 모든 경제적 자원을 발전시키려 한 노력에

---

140) *Bull. Am. Sch. Or. Res.*, No. 44, pp. 8-10와 거기에 있는 문헌 참조.

대한 묘사는 매우 교훈적이고 고고학적 발견으로도 확인되었는데 네게브에서 건축이 가장 활발히 이루어졌던 시기가 정확히 BC 8세기이다. 당시 아라비아에도 유대인 기업이 침투해 있었던 것은 넬슨 글뤽의 에시온 게벨 발굴에서 나온 웃시야의 아들이며 섭정자였던 요담의 인장이 발견됨으로 증명되었다. 웃시야가 에시온 게벨 근처의 엘롯을 건축했다는 것은 역대하 26:2에 나온다.[141] 웃시야의 군사적 전략도 꽤 자세하게 역대기에 나와 있는데 유다에 처음으로 공격용 포기(砲器)를 소개한 것으로 적혀 있다. 웃시야는 블레셋 평원의 북부와 동부를 점령해서 해안 평야 지대의 중대한 대상 도로를 장악한 것으로 나타나 있다. 역대기는 그가 아라비아 지역에서 한 군사적인 활동에 큰 강조점을 두는데 (헬라어 사본에선 더 명확하다), 이는 아라비아의 대상 도로를 더 공고히 장악하기 위한 것이었음이 명백하다. 750년경 웃시야는 문둥병에 걸려, 그의 아들 요담이 섭정으로 치리하게 되었다. 하지만 웃시야는 여전히 실제 통치권자였던 듯하며, 앗수르의 디글랏 빌레셀 3세가 743년에 수리아를 침입했을 때 웃시야는 (아사랴라는 다른 이름으로) 서부에서 반(反)앗수르당의 우두머리로 지목되었다.[142]

  이러한 단언은 모든 면에서 타당한데 서부의 가장 강력한 지도자인 여로보암 2세가 746년경 죽고 그의 아들 스가랴가 약 6개월간 대신 치리케 되기도 했던 것이다. 그 역시 반란이 일어나서 죽고 살룸(Shallum)이란 자가 한 달간 왕위에 올랐었고 그 이후에는 므나헴이 왕권을 잡았는데 그의 잔인함으로 잘 기억되는 내전 이후였다.

---

141) Nelson Glueck, *Bull. Am. Sch. Or. Res.*, No. 72, pp. 7 이하; No. 79, pp. 13 이하와 주 9의 나의 언급을 참조하고 N. Avigad, Ibid., No. 163, pp. 18 이하를 볼 것.

142) 나의 논의와 다음 글들을 볼 것. *Bull. Am. Sch. Or. Res.*, No. 100 (1945), p. 18, n. 8; B. Landsberger, *Sam'al* (1948), p. 22, n. 42; J. Bright, *History of Israel*, pp. 252 이하. 가장 최근의 뛰어난 논문으로는 H. Tadmor, *Scripta Hierosolymitana*, Ⅷ(1961), pp. 232-271. 우리 사이의 다른 점은 주로 연대의 차이에서 오는 결과이다.

이 기간 동안에 유다는 팔레스타인과 여러 비문에 보면 항상 크고 작은 살육 전쟁이 되던 수리아까지에서 가장 안정된 국가였다. 따라서 유다의 부와 군사적인 기반은 소생하는 앗수르 세력에 대항하는 어떤 연합 세력에서도 앞장을 서게 만들었다.

하지만 때는 이미 늦어서 요담은 735년경 그의 아들 아하스로 대치됐고 아하스는 곧 므나헴의 두번째 계승자인 베가와 그 우방인 아람왕 르신의 공격의 표적이 되었다.[143] 아하스는 앗수르에 도움을 요청했고 곧 원군이 왔다. 다메섹은 피비린내 나는 전쟁을 치른 후에 곧 앗수르에게 엄몰되었고, 아람은 앗수르의 4개 행정구역으로 바뀌었다. 다메섹 함락 전에도 앗수르는 이스라엘을 휩쓸어 버려 갈릴리를 황폐케 하고 에브라임과 서부 므낫세를 제외한 전지역을 합병시켰다(주전 733년). 732년에 앗수르는 호세아를 사마리아의 마지막 왕으로 세웠으나 앗수르의 요구가 너무 과대하여 그는 724년에 확신할 수도 없는 애굽의 지원 약속을 믿고 모반을 하였다. 이때에 애굽은 많은 도시 국가로 쪼개어져 있어 문제의 왕 시웨(Siwe 혹은 시베〈Sibe〉)는 성경이나 앗수르 비문에는 나오지 않고 어떤 작은 도기 조각에나 기록되어 있다.[144] 호세아는 곧 죄수의 신세가 되었지만, 이스라엘의 수도는 앗수르의 공략을 약 2년 동안 버터 내다 늦게 722/1년에나 함락되었다.

히브리 전승에 의하면 살만에셀 5세(727-722년)가 정복한 것으로 돼있으나 사르곤 2세(722-705년)는 자신의 비문에서 거듭 사마리아와 '오므리 집안의 거대한 땅'(공식적인 이스라엘의 사마리아 명칭)을 정복했노라고 자랑하고 있다.[145] 히브리 전승이 맞는 듯하지만 사르곤

---

143) 참조. *Bull. Am. Sch. Or. Res.*, No. 140, pp. 34 이하.
144) R. Borger, *Jour. Near East. Stud.*, 19 (1960), pp. 49-53에 의하면 이 이름의 설형문자가 Sib'e 보다는 Re'b로 읽혀져야 한다고 하고 그러한 강력한 예를 제시하고 있으나, 여전히 그렇게 읽는 데에는 심각한 어려움이 남아 있다.
145) 앗수르어로 '오므리의 아들 예후'라는 지칭은 단순히 '오므리 집안의 예후'를 뜻하는 것으로서 오므리라는 사람과 아들 관계를 뜻하는 것이 전혀 아님은 너무도 중요한 사실이다. *Jour. Pal. Or. Soc.*, 1921, p. 55, n. 1. 참조. 이 논문에서 나는 처음

이 사마리아 실제 함락 이전에 세력을 쥔 것은 당연한 사실이다. 그는 이스라엘 백성 27,290명을 잡아갔다고 주장하고 있다. 물론 그렇다고 북이스라엘이 그들이 방황하던 먼 고토 외에서 다시는 나타나지 않고 역사의 장면에서 사라졌다는 것은 아니다. 우리가 아는 한 이스라엘은 에브라임 대부분의 영토와 갈릴리 및 길르앗에서 부분적으로 계속 존속했으며, 암몬과 수리아 및 페니키아에서도 소수 민족으로 남아 있었다. 7세기의 메소포타미아에서 이스라엘 사람들은 앗수르 전역뿐 아니라 고산(Gozan)지역에도 정착한 것을 볼 수 있다.[146]

외경의 토비트서는 북이스라엘에서 추방된 사람들이 메디아(Media)에 정착했다는 성경과 앗수르 비문에서 추려진 정보를 확인해 주고 있다. 토비트가 BC 2세기 이전일 수 없다고 생각되었을 때는 그 가치가 별로 없었으나 이제는 그 원어가 제국적인 아람어였고, 연대가 BC 4세기 및 5세기까지 거슬러 올라갈 수 있다는 것이 밝혀졌다.[147]

남쪽보다 숫적으로 훨씬 우세하였던 북쪽의 디아스포라가 유대주의에 끼친 영향도 무시할 수 없다. 결국 모든 야웨주의자들은 유대인으로 인지되었으나, 에스겔에서는 '이스라엘'이 변함없이 유다를 지칭하고 있으며, BC 2세기의 엣센파는 의도적으로 '유대인'이란 칭호보다는 '이스라엘인'이란 명칭을 택했다. 필자의 견해로는 욥기와 요나서는 BC 7세기에 페니키아나 수리아에서 지어진 북이스라엘의 작품이다.[148]

으로 이러한 명확한 사실을 지적했다. 또한 Ibid., 1925, p. 37도 참조. 앗수르와 아람어 문헌에서 이러한 원리를 발견한 것으로는 A. Ungnad, *Orientalistische Literaturzeitung*, 9, pp. 224-226.

146) 참조. *Bull. Am. Sch. Or. Res.*, No. 149, pp. 33 이하.

147) 이러한 정보는 J. A. 피츠마이어(J. A. Fitzmyer)가 전해준 것인데 그는 제4동굴에서 나온 토빗 파편을 연구해 왔으며 제국 아람어의 권위자이다.

148) 이러한 견해에 대한 증거는 곧 출간될 책에 게재될 것이다.

제 8 장

사마리아 몰락에서 바벨론 유수까지의 유다

앗수르가 무자비한 제국적인 침략을 재개한 지도 한 세기 반이 되었다. 그리고 이 재생한 앗수르가 아르밧(Arpad)과 하맛 왕국을 치기 시작한지는 25년이 되었다. 그 이후로 몇 년마다 한때 강대했던 나라들이 하나씩 무너지기 시작했다. 732년에 다메섹이 함락되었고 아람의 영광도 이제는 옛날의 추억이 되었다. 721년에는 사마리아가 그 전철을 밟았다. 이런고로 유다의 모든 백성은 앗수르와 남부의 대상 통로 사이에 위치해 있는 마지막 장애물인 이 작은 나라가 어떻게 될 것이냐에 대해 떨지 않을 수 없었다. 이 새로운 형국에 누구도 안심할 수 없었고 어느 도시도 장래를 예측할 수 없었다.

아하스는 이미 아람과 이스라엘과의 전쟁에서 이 강대한 우방에 항복했었던 터였고 유다의 조세 부담은 잘 봐준다고 해도 경감될 하등의 이유가 없었다. 하지만 아하스는 그의 나라를 참화에서 구해 내었고 고고학적인 발굴로도 BC 8세기 말을 향해 번영이 계속되었던 것이 나타난다. 즉 웃시야가 경제적 발전을 위해 확고한 기반을 놓았던 것이다. 또한 유다의 증가일로의 번영은 8세기 북왕국에서 명확했듯이 귀족이나 부유한 상인 등 특권층에만 혜택이 돌아간 것이 아니었다(앞의 논의 참조).

드빌에서 발굴한 결과 750년에서 589년 사이에는 특이하게 동질적인 인구 분포가 있었던 것으로 나타났다. 최소한 그간 발굴된 모든 개인 집들이 놀랍게 차이가 크지 않은 사회적 수준의 차이를 보이고 있기 때문이다. 성읍의 주민 대부분은 한 가지 유형의 산업에 전념하고 있어서 목양품을 짜거나 물들이는 정상적인 농경업을 하는 사람들은 따로 있었다.[149] 포수기 이전의 후대를 명확히 가리키는 성경 기록은 유다에 도자기공이나 섬유업자, 금속공 등 다른 직능공들이 따로따로 모여 있었고 반면에 예루살렘에는 빵굽는 사람이나 대장장이들이 많았다고 한다.[150] 마찬가지로 중요한 것은 대부분의 이러한 직능공들은 계보와 연계돼 있었는데 고대 씨족 체계에서 근대의 길드(guild) 체계까지 꽤 직접적으로 이어진 것을 가리킨다.

즉 유다의 역사에는 (왕 말고) 부가 몇 개인에게 편중되어 기존 사회질서를 무너뜨린 시대가 없었다는 것이다. 이러한 사실은 호세아에서 발견되는 기존 사회 질서에 대한 심한 비판이 이사야나 미가에서는 나오지 않는 이유를 부분적으로 설명해 준다. 아마 틀림없이 몇몇 개화된 사람이나 운동이 유다에서 페니키아를 모델로 하여 이러한 길드제도로 발전하는 데 부분적으로 공헌했다. 하지만 반(半)가부장적인 사회에서 그러한 발전은 유다가 이스라엘과 거의 동등한 상업과 산업의 팽창을 누리면서도 고대 히브리 제도의 변화에 있어 이스라엘에 크게 뒤지지 않았다면 불가능한 일이었다. 따라서 이제 종교적인 개혁과 정치적인 활성화를 꾀할 수 있을 즈음이었다. 한편으로 백성들은 북쪽의 빠른 마병을 갖고 있는 세력이 곧 불길한 징조로 위협해 옴을 느꼈고, 앗수르의 거대한 힘에 맞설 수 있는 사람은 오직 야웨였다. 야웨 없이는 모든 것이 절망이었다. 반면에 새로운 번영과 경제적인 기회로 유다는 앗수르가 탐욕적인 요구와 그에 부응하는 조공과 각종 불규칙한 징세로 괴롭혀도 점점 고집스러워 졌다. 사마리아 몰락후 6년 정도가 흘렀을

---

149) *Tell Beit Mirsim*, Ⅲ, pp. 55-62.
150) I. Mendelsohn, *Bull. Am. Sch. Or. Res.*, No. 80, pp. 17-21 참조.

때[151] 아하스가 세상을 떠나서 젊고 강인한 히스기야가 왕이 되었는데 종교나 정치 방침에 급격한 변화가 이루어졌다.

최근 대부분의 역사가들은 역대기에 나오는 자료를 무조건 비하하기 때문에 히스기야 밑에서 이루어진 종교적인 상황을 제대로 이해 못한다. 히스기야의 즉위로 유다의 경건한 야웨 그룹은 초기 다윗 왕정 시대의 공식적 태도였던 전통적인 이스라엘의 종교적 예배와 반(半)이방 종교 제도를 수용하는 정책을 뛰어 넘어서 우상 타파에 큰 진전을 보였다. 특히 사마리아의 비참한 몰락을 선지자들은 효과적으로 이용하여 개혁을 한층 고취시켰다. 따라서 히스기야는 산당을 제거하고 야웨의 지방 분산화된 제의와 연관된 제단과 석기둥(massebot) 그리고 관련된 대상물들을 다 부서뜨렸다. 그는 오랫동안 성전에 보존되어 왔고 모세가 만든 것이라고 했던 큰 성물인 구리뱀까지 없애 버렸다. 그러나 이러한 개혁도 부분적으로만 성공할 수 있었다는 것은 놀랍지 않다. 왜냐하면 고질화되어 온 관습을 바꾸려는 소수의 우상 타파 노력이 성공하려면 대중의 전적인 지지가 필요하기 때문이다. 동시에 히스기야와 그의 지지자들은 북이스라엘에서도 활발한 선교 활동을 벌였다. 역대기가 말해 주는 바에 따르면 갈릴리에서는 좀 성공을 거두었으나, 에브라임에서는 제대로 받아들여지지 않았다. 이것 또한 놀라운 현상이 아닌 것은 벧엘에 있는 경쟁 상대인 성소가 에브라임 사람들의 종교적 지지를 끌어내는 데 예루살렘과 경쟁을 하여 앗수르 행정 후원 아래 재정비되었기 때문이다(왕하 17:27-28). 따라서 이러한 선교적인 정치 공세는 앗수르 자료에서 알 수 있는 대로 이스라엘 인구를 제어하는 데 애를 먹던 사마리아의 앗수르 통치자에게 큰 위협이 되었다.

앗수르의 사르곤 2세가 살아 있을 동안에 유다는 미래에 봉기할 계획을 세웠다는 것 외에는 분명하지가 않다. 앗수르의 비문이 전하여

---

151) 참조. *Bull. Am. Sch. Or. Res.*, No. 100, p. 21. 내가 보기에 성경의 직접적인 자료와 부합하는 유일한 것인 이 연대는 모빙켈(Mowinckel)과 틸레(Thiele)도 지지한다.

주는 것은 당시에 가장 중요한 블레셋 도시였던 아스돗의 왕이 모반하기 위하여 유다의 지원을 요청하려 했다는 것이다. 하지만 앗수르의 군대 장관은 아스돗을 공격해서 주전 711년에 앗수르의 도시로 만들어 버렸다.

   아스돗의 반군이 역시 시도한 애굽의 지원 또한 실패하여 이사야와 당시 앗수르 역사가 모두에게서 조롱을 사고 있다. 히스기야도 반역을 꾀했으나 이 거대한 강국에 쓸데없이 대항하다 화를 자초하지 않고, 유다를 건지기 위해 적당한 때에 그만두었다.

   그 후 약 10년간은 국제적인 상황이 크게 뒤바뀌어 앗수르의 사르곤이 죽고 그보다 훨씬 못한 아들인 산헤립이 왕위에 올랐다(705). 전에 애굽 윗부분을 정복했던 에디오피아는(약 720년경) 나일 계곡 전체에 세력을 확장하였고(715년), 강력한 에디오피아 왕 샤바코(Shavako)는 오랫동안의 무정부 상태와 내적인 갈등을 겪은 후에 애굽 전체를 통일하였다(709년).[152] 갈대아의 수령은 므로닥-발라단을 재정비하여 바벨론 왕이 되어 그를 폐위시키려던 앗수르의 노력을 수포로 돌아가게 했다. 이러한 상황에서 유다는 성가신 앗수르의 멍에를 벗어 던질 수 있게 된 것이었다. 그 결정적인 날을 준비하며 히스기야는 바벨론과 애굽의 제안을 받아들였고 지방 세력을 강화하며, 점령이 되어도 물을 공급할 수 있도록 실로암 터널을 팠던 예루살렘을 요새화하기 위해 블레셋과의 관계에도 신경을 썼다.

---

152) 에디오피아 시대의 연대기에 대해서는 *Bull. Am. Sch. Or. Res.*, No. 130, pp. 8-11; No. 141, pp. 23-26을 볼 것. 가장 중요한 새로운 증거는 타하르코(Taharqo)의 가와(Kawa) 기념비를 래밍 마카담(Laming Macadam)이 출판한 것에서 찾아 볼 수 있는데 샤바코(Shabako)의 통치 15년째의 동상 출판과 Shillkanni(Silkan으로 발음됨)를 애굽화한 Osorkon(Osorkon Ⅳ)과 일치시키는 것이 추가되었다. 이 자료로써 샤바코의 즉위를 710-709년으로 확정하였고, 보코리스(Bocchoris)의 계승은 약 715년경에 이루어졌으며 에디오피아 피안키(Piankhi)가 하부 이집트를 침입한 것은 716-715년경이 된다.

제8장 사마리아 몰락에서 바벨론 유수까지의 유다 103

주전 701년에 앗수르 군대는 팔레스타인을 침공하여 포위된 에글론 성읍을 구하려고 북진해 있었던 거대한 애굽과 에디오피아 군대를 격퇴하고 반란을 진압하였다. 라기스의 견고한 전방 요새도 앗수르 조각에 생생하게 그려있듯이 격침되었고, 앗수르에 따르면 요새화 되어있던 46개 성읍이 곧 함락되었다. 여기에 히스기야는 앗수르 사기에 나와있는 대로 아주 무거운 조공을 바치며 항복했는데, 이 기사는 열왕기에 나와있는 훨씬 간략한 요약 기록과 사실상 일치한다. 앗수르의 사기에 따르면 산헤립이 또한 세빌라(Shephelah)에 있는 좁은 유다의 영토를 세 개의 이웃한 주요 블레셋 도시에 병합해 버렸다고 한다. 그 후 유다의 땅은 얼마있지 않아 다시 회복된 듯하지만 무슨 사건이 연속적으로 있었는지는 모른다. 신명기 전승은 당시에 재난을 몰고 온 전염병을 689년에 에디오피아 왕자 타하르고(Tahargo/ Tirhakah)가 애굽의 권좌에 오른 다음에 있었던 애굽의 침입과 연관짓기도 한다. 히스기야는 686년에 죽었고 이 침입은 689년에서 686년 사이에 있었다. 앗수르 기록은 689년까지만 되어 있고 그 후에 산헤립이 어떠한 군사적인 활동을 하였는지는 기록이 없다. 하지만 691년에 앗수르는 카룰르(Khalule)에서 바벨론과 엘람에게 패해서 히스기야가 에디오피아의 원조로 새로운 봉기 계획을 수립하고 있었으며, 티르하카(Tirhakah)의 즉위 다음에 반란을 일으켰다는 추측이 전적으로 타당케 된다. 이때 나이 많은 이사야는, 염병에서 구함을 받고 앗수르가 새로운 군대를 진격시키기 전에 분명히 세상을 떠난 히스기야 왕을 지지하였다.[153]

잇따른 앗수르의 두 왕, 에살핫돈(Esarhaddon)과 앗수르바나

---

153) 산헤립의 히스기야 정벌 문제는 아직도 논란이 되고 있는데 편리한 입문서로는 Leo Honor, *Sennacherib's Invasion of Palestine* (1926). 독일 학자들은 단번 정벌 이론을 지지한다. 참조. W. Rudolph, *Polästinajahrbuch*, 1929, pp. 59 이하., A. Alt, *Kleine Schriften*, II, pp. 242 이하. 빙클러의 2번 정벌 이론을 제일 최근에 가장 잘 옹호하고 내 자신도 따르는 학설로는 J. Bright, *History of Istael*, pp. 282 이하에서 제시하고 있다.

팔(Asshurbarnapal, BC 669-627년)의 시대는 역사가가 보기엔 쇠락의 조짐이 있었으나 앗수르의 국위와 부가 절정을 이룬 때였다. 에살핫돈은 애굽을 점령하였고 그의 아들은 자신의 부친이 한 정복을 공고히 하였다. 더베(Thebes)가 663년에 멸망당한 것은 오래도록 기억되었다(나 3:8 참조). 하지만 652년에 앗수르 왕국은 앗수르바나팔과 그의 형제이며 속국이었던 바벨론 왕 샤마슈무킨(Shamashshum-ukin) 사이에 일어났던 유혈내란으로 뿌리채 흔들렸는데, 이 전쟁은 648년 바벨론 쟁취 때까지 계속되었다. 이 반란에 합류한 수리아와 팔레스타인 국가 중에는 유다도 있었던 듯하다(대하 33:11 참조). 당시에 숫적으로도 증가했고 수세기 동안 북진을 계속해 온 수리아 사막의 아랍 지파들은 이 상황을 이용하여 안티리바누스(Antilibanus)와 요르단 지역에 밀어 닥쳤다. 폐허화한 이 지역의 앗수르 비문에는 에돔과 모압도 거론되고 모압 왕이 착고에 채워 니느웨에 보냈던 아랍 장관을 사로잡은 것이 나오지만 이 재난으로 모압은 강력한 자주국으로서는 끝이 난 셈이다. BC 650년경 모압의 운명을 생생히 담은 당시의 애도가가 이사야(15-16장)와 예레미야(48장) 모두에 당시의 유행을 말해 주는 변주곡과 함께 보존돼 있다.[154]

이 기간 동안 유다는 당시에 기승을 부리던 혼합주의에 감염되어 므낫세 왕은 히스기야가 다 파괴한 지방의 야웨 산당을 중수하고 각종 주술과 점술뿐 아니라, 바알 종교를 공적으로 인정하기까지 했다. 어떤 다른 기간의 설형문자 기록도 주술과 점술에 관해 이때보다 더 많은 석판을 양산치 못했고, 당시 앗수르 왕실 기록은 수없이 점성술과 주술에 대해 언급하고 있다. 따라서 조그마한 종속국이 앗수르 왕실의 비호하에서 자행되던 범람하는 우상 숭배와 미신의 영향을 받지 않는다는 것은 실제적으로 불가능했다. 그러나 640년에 므낫세의 어린 손자

---

154) 최근에 이 2편의 시가 원래 BC 11세기경에 지어졌다는 것도 있으나 문체가 13-11세기의 히브리 시와는 아주 다르다. 따라서 11세기 이전일 수 없고 7세기가 가장 적당한 듯하다.

인 요시야가 즉위하면서 상황은 급변했다.

요시야는 즉위할 때 8세였다고 하는데 그의 연대는 앗수르가 앗수르바나팔 말년에 일어난 반역으로 약화될 때와 엇비슷하게 일치한다.[155] 629년에 그는 히스기야보다 훨씬 더 철저한 사정을 단행하여 이방의 우상과 제단뿐 아니라 지방 야웨 산당의 물건들까지 다 없애 버렸다. 이러한 사정(司正)은 당시 앗수르의 영향력이 제거되는 것과 맞물려지는데 요시야가 에브라임과 므낫세뿐 아니라 갈릴리를 포함한 북이스라엘까지 미쳤기 때문이다(왕하 23:19; 대하 34:6-7). 특별히 그는 앗수르 비호하에서 예루살렘 성전과 오랫동안 열띤 경쟁 상대였던 벧엘의 산당을 헐어 버렸다. 이러한 사정은 요시야의 개혁이 당시 애굽의 사미티쿠스(Psammetichus)와 마찬가지로 앗수르를 무시하거나, 아니면 그보다는 명목상의 종속국으로 나라 전체를 정치적으로 제어하지 못했다면 상상할 수 없는 것이었다. 명목상의 봉신으로서 요시야는 조공국 상태에 있었던 유다뿐 아니라, 사마리아와 므깃도의 앗수르 행정 구역까지 다스리면서 거침없이 개혁을 수행할 수 있었다. 이것이 바로 성경의 전승에 북이스라엘을 재정복하는 데 어떤 군사적인 행동을 했다는 힌트가 없는 이유이다. 알브레히 알트와 그의 제자들은 이 당시 이스라엘 역사의 중요성에 대해 잘 설명해 주고 있다.[156] 히스기야의 북부 선

---

155) 이 시대의 연대에 대해서는 특히 G. J. Gadd, *Anat. Stud.*, VIII(1958), pp. 69 이하; R. Borger, *Wiener Zeitschrift für die Kunde des Morgenlandes*, 55 (1959), pp. 62-76를 볼 것. 앗수르바나팔(Asshurbanapal)이 (바벨론 달력으로) 627/6년에 죽은 것은 이제 확실하다. 볼거(Borger)는 Sin-shar-ishkun을 Asshur-etel-ilani와 일치시키는데 이러한 것은 내가 보기에 불가능하다. 볼거가 개진하는 자료에선 Sin-shar-ishkun이 그의 부친 2년 전인 629년을 자신의 통치 시작으로 간주하는데, 그때 그는 그의 부친과 계승 왕자의 신분에 있었는지도 모른다. 어쨌든 그의 부친의 죽음을 전후해서 Sin-shum-lishir은 반역을 주도하여 Asshur-etel-ilani를 권좌에 앉혔다. 3년 혹은 그 이상 후에 후자는 아마 또 다른 반란을 일으키고 왕으로 그의 형제를 계승하였다.

156) M. Noth, *History of Israel*, pp. 271 이하를 보라. A. Alt (*Zeit. für die alttestamentliche Wiss*⟨1927⟩, pp. 59-81)는 내 의견에, 갈릴리 지역의 성읍을(수 19장) 요시야 시대로 보는 데에서 너무 지나친 주장을 했다. 그들 중 여러 성읍이 8세기에

교 활동 이래 유다의 왕들은 북부의 친족들과 밀접한 관계를 유지해 왔다. 므낫세의 단명했던 아들이며 계승자였던 암몬은 욧바(Jotbah; 앗수르어 Yatbatu, 헬라어 Jotapata)의 갈릴리 성읍 출신의 저명인사의 손자였다. 요시야 자신의 아들 엘리아김도 욧바 근처에 있었던 루마의 갈릴리 성읍 출신이었던 또 다른 저명 인사의 손자였다.[157] 그러나 609년 느고의 침입에 요시야는 바벨론을 위해 므깃도 통로를 막으려다 전사했고(이 당시 요시야는 바벨론 편이었다),[158] 이에 따라 다윗 가계의 왕자가 이스라엘을 재통일하려던 원대한 꿈은 무산되었다.

파괴되고 재점령되지 않았다.

[157] 참조. *Jour. Bib. Lit.*, 1939, pp. 184 이하; H. L. Ginsberg, *Alexander Marx Jubiles Volume*, pp. 349 이하, n. 12는 양 이름을 모두 교정하여 남유다의 지명으로 말하는데, 이러한 그의 주장은 나의 견해에 반해 빈약한 것이다. 예를 들어 앗수르의 Aruma는 히브리어로 고지(高地)를 뜻하는 Ha-ramah의 포수기 전시대의 갈릴리 발음인 Ha-rumah와 대동소이하다.

[158] (참고문헌과 함께) 당시의 역사적 사정에 대해선 *Jour. bib. Lit.*, 1932, pp. 84 이하를 보라. 여기서 나의 토론은 보다 최근의 발견물을 참작하지 않았다.

제 9 장

포수기와 귀환

　　요시야가 죽은 후에 유다는 약 6년간 애굽의 종속국이 되었다. 느고는 요시야의 아들 여호아하스를 폐위시키고 그 대신에 그의 형제 엘리아김을 여호야김이라는 왕명으로 즉위시켰다. 그 이후에 곧 바벨론 갈대아 왕인 나보폴라살(Nabopolassar)의 아들인 느부갓네살이 유프라데스 상부의 갈그미스에서 애굽 군대를 물리쳤고(BC 605년), 이후에 부친이 죽자 다시 바벨론으로 송환되었다.[159] 바로 그 해 가을에 그는 다시 수리아를 침공할 수 있었고 다음해 11월, 12월에는 당시 바벨의 진격에 저항 초점이 되었던 아스갈론(Ascalon)을 점령해서 완전히 멸망시켰다. 당시 아스갈론의 상황은 바벨론이 아펙(Aphek — 샤론 평지의 Ras el-'Ain)까지 돌진한 것으로 말하고 있는 어굽서 발견된 아람어 편지에 생생히 묘사되어 있다.[160] 블레셋의 항구가 함락된 것을 예레미야(47:5-7)와 (애굽에서 발견된 비문 조각에 보존되어 있는 시에서) 헬라의 시인 알카우스(Alcaeus) 모두가 언급하고 있는 것은 특기할 만큼 흥미롭다.[161]

---

159) D. J. Wiseman, *Chronicles of Chaldaean Kings*(BC 626-556)와 나의 논의 *Bull. Am. Sch. Or. Res.*, No. 143, pp. 22 이하를 보시오.
160) 역사적 상황에 대해선 J. Bright, *Bib. Arch.* (1949), pp. 46-52을 볼 것.
161) Jerome D. Quinn, *Bull. Am. Sch. Or. Res.*, No. 164, pp. 19 이하.

유다가 이미 갈대아에 항복했었는지 여부는 알 수 없으나 바벨론 역대기에 보면 바벨론 왕이 '승승장구하였던'(Shal-tanish) 수리아 팔레스타인에 갔던 것과 601년 11월, 12월에 바벨론과 애굽이 완전히 결정을 못 본 전쟁을 치렀다는 것 외에는 그 이후의 3년 동안(603-600년)에 대해 침묵하고 있다. 600/599년에는 왕이 자기 영토에 체류하면서 애굽의 또 다른 공격에 대비해 전열을 가다듬었다고만 한다.

다음해(599/598)에 이르러서는 애굽을 침입하는 데 뒷받침이 필요했고, 아랍 정복을 위한 수리아 기지를 확보했다.[162] 열왕기하 24:1에는 여호야김이 3년 동안 느부갓네살의 봉신이었다가 반란을 일으켰고, 이 반란은 597년 3월 예루살렘 멸망이전이었던 것이 명확하므로, 그는 갈대아에 603/602년 중에 항복하였다가 율리우스 해인 601년 말에 애굽에서 바벨론 군대가 퇴각한 다음에 반란을 일으킨 것이다. 거의 같은 기사를 599/598년에 아랍 토벌 원정에 대해 설형 문자를 사용한 서기관과 이 봉기 기간 동안에 유다에 비슷한 습격을 가했던 것에 대해 유대인 저술가가 모두 기록하고 있는 것은 진기하다. 이듬해에 갈대아 군대는 유다를 집중 공격하여 597년 3월에 예루살렘이 함락됐다. 여호야김은 죽었거나 암살되었고 그의 어린 아들 여호야긴은 그를 대신하여 유배 길에 올랐다(BC 597년).[163]

요시야가 사주한 몇 가지 매우 중요한 업적 중에는 이스라엘의 역사적 전승을 성전에서 발견된 고대 법전(왕하 22:3 이하)에 기초하여 하나의 새로운 체계로 모아 권위있게 집대성한 것이다. 이 법전은 더 팽창되고 편집되었으며(현재의 신명기), 가나안 정복(여호수아)과 그 이후 시대(사사기, 사무엘, 열왕기)의 역사적 전승 묶음이 행악과 하나

---

[162] 갈대아인들은 원래 동아라비아의 유목민들이었고 바벨론에서 BC 6세기까지 원시적인 아랍어 문자를 사용했던 것을 상기할 필요가 있다. 아랍 정벌을 하였던 느브갓네살과 나보나이더스는 둘 다 상업 도로뿐 아니라 갈대아의 오랜 숙적인 아람을 점령하는 데에 관심이 있었던 것이다.

[163] 참조. *Jour. Bib. Lit.* (1932), pp. 90 이하.

님의 응보 사이의 밀접한 관계를 말하는 신학적 기조와 함께 덧붙여졌다.[164)]

　　　BC 622년에 (원래 북이스라엘에서 편집되고, 사마리아 함락 이후에 예루살렘으로 옮겨진) 고대 법전 발견을 필두로 해서 이 거대한 작업은 요시야가 609년에 죽은 후 수년이 지나서도 완성되지 못했던 듯하고 BC 560년경에 갱신되고 재편집되었다. 신명기 기자가 보여주는 선지자 업적에 대한 열성적인 관심과 예레미야서의 산문 부분과 문체상으로 근접한 것은 이 두 작품이 같은 시기에 비슷한 후원을 받아 쓰여진 것을 나타낸다. 신명기 기자 및 예레미야의 수사적 문체가 라기스 문서와 놀랍도록 비슷한 것을 보면 전자가 여루살렘 함락 직전의 마지막 세대에서 쓰여졌다는 논지가 한층 더 타당성을 갖는다.

　　　신명기 기자 작품의 특징은 고대적인 향취가 나는데 이스라엘의 초기 역사로 거슬러 올라가며, 위기에 놓인 유다 땅의 구원을 갈망하는 모습이 부분적으로 작용하고 있기 때문이다.[165)] 이스라엘의 모든 제도의 창시자였던 모세의 글과 정신을 되살리려는 의식적인 노력으로서, 모든 좋았던 것의 근원이 되는 과거의 향수 속으로 되돌아 가고자 하는 것을 나타낸다. 이스라엘의 미래에 대해 쉬운 낙관론이란 더 이상 없었다. 북왕국과 그 이웃들 대부분이 망한 다음에 유다도 현재의 악과 교묘히 이방 문화와 엉킨 것을 버리지 않으면 같은 운명에 처할 참이었다. 유다의 몇몇 사람들은 극단적으로 흘러서 레갑 족속은 모든 문명의 이기와 혼합된 농업을 버리는 데까지 나아가 예레미야의 칭찬 어린 논

---

164) 신명기 역사가의 저작에 대한 세기적인 연구인 Martin Noth, *Überlieferungsgeschichtliche Studien*(1943), pp. 3-10을 보라. 이제, 긴 세월에 걸쳐 공동작업을 구축한 신명기 학파라는 것이 있었다는 피상적인 가정은 이제 기각되어도 좋을 듯하다. 하지만 나는 노트가 신명기 역사 저작 연대를 6세기 중반으로 본 것을 납득할 수 없다. 왜냐하면 그렇게 많은 고대 역사 자료가 포수기의 재해를 거쳐 잔존했을 가능성이 아주 희박하다(한 세기 반 후에 역대기 사가가 얼마나 미진하게 사용할 수 있었는가를 보면 된다).

165) 참조. *the Stone Age to Christianity*, 1957 ed., pp. 315 이하.

평을 듣기까지 했다. 최근의 많은 유토피아적인 원시주의자들처럼 레갑 족속은 어떤 한 방면에서만 옛날을 재건하려 했던 것이다.[166] 예레미야가 유다 백성에게 한 시적인 설교는 아주 아름다운 시구에 담겨 있는데 이교주의나 이교적인 숭배 및 모든 류의 유행어에 대한 그의 강렬한 혐오감을 감수성있게 재현하고 있다. 특별히 그는 필수적인 정의와 관용을 희생하며 성전의 예물과 제의를 관습적으로 숭앙하는 것을 공격하였다. 새로운 왕이 올랐다 폐위하면서 도덕적으로 계속 타락의 길을 걷는 상황하에 예레미야같이 직선적이고 강직한 사람이 도달할 수 있는 결론은 오직 한 가지였다. 이스라엘의 과거 역사에서 완악함으로 인해 변함없이 정치적 파탄이 다가왔듯이 작금의 상황과 경우도 마찬가지였던 것이다. 예레미야에게 있어 유다가 재난을 피하는 유일한 길은 갈대아의 우월한 권세에 나타난 하나님의 뜻에 대해서 참고 순복하는 것이었다.[167] 이렇게 해서 예레미야는 민족 자체 내의 애국자들에게 반목을 사고 겁장이나 매국노로 단죄되었다. 유다의 극단적인 애국주의자들이 예레미야가 호되게 비난한(렘 23:9-32) 선지자들의 신탁에 열광하여 라기스 문서가 보여주는 대로 한 행동의 정도를 보면 교훈을 주는 바가 많다. 시드기야 통치의 말엽에 다가서면서 사림(Sarim, 왕실의 고관이

---

166) A. O. Lovejoy et al., eds., *A Documentary History of Primitivism and Related Ideas*, I (1935), pp. 421-432.

167) 예레미야가 바벨론을 지지한 데에는 또다른 이유가 있었을지도 모른다. 최근에 R. Labat(*Journal asiatuque*, 1961, pp. 1-12)가 보여준 바로는 스구디아인이 아시아를 28년간 점령한 것이 Cuaxares의 계승 이후의 일이었다는 헤로도투스의 진술(i: 103-106)이 Oxyrhynchus에서 나온, 그 동안 방치되었던 파피루스 조각에 의해 지지되었다는 것이다. BC 630년경까지 내려오는 앗수르바나팔의 앗수르 비문은 헤로도투스가 생생하게 묘사하는 (i: 105) 스구디아인의 수리아 및 팔레스타인 침입을 어디에도 언급하고 있지 않음으로 이 사건은 BC 625년 이후의 난세에 일어났던 듯하다. 이때 예레미야는 아직 어렸었다. 따라서 스구디아인이 극도의 야만적인 잔학상을 심어주어 아예 바벨론 통치가 더 나은 것처럼 보일 수 있었다. 더욱이 바벨론 제국은 소아시아와 아라비아의 스구디아인을 한편으로 하고 다른 한편으로는 팔레스타인을 끼고서 당당하게 세워졌다(렘 6:22 이하와 다른 구절을 참고하면 북에서 오는 침입자를 언급하고 있는데 최소한 부분적으로라도 스구디아인의 위협을 가리키는 것으로 볼 수 있다).

나 귀족)이 왕에게 예레미야를 고소하면서, 그가 백성의 사기에 미친 악 영향 때문에 처형을 요구하고 있는 것을 볼 수 있다(렘 38:4). 라기스 문서 제6호에도 보면 용병대 사령관에게 한 애국적인 군장관이 서신을 보내며 사람이 보낸 순환 서신에 대해 심하게 불평하고 있는 것이 나오는데 같은 말로 "그들이 백성의 손을 약하게 만들고 있다"고 항변한다.[168] 하지만 이들은 바로 예레미야를 죽이려던 그 사람이었다!

BC 598-587년 기간은 완전히 침울한 때였는데 여호야긴이 유다의 지도자들 및 최고의 장색인들과 함께 유배를 가게 되었다. 예레미야는 당시 섭정의 모습에 대해 냉혹하게 언급하고 있는데 시드기야와 그의 추종자들을 '나쁜 무화과'라고 부른 반면, 갈대인이 취한 것은 '좋은 무화과'라고 하였다. 결국 시드기야와 그의 추종자들은 완고하게 사메티쿠스 2세 및 그의 아들 아프리스(Apries)와 갈대아 영주에 대항해 반역을 공모하다가 파멸의 길을 걷고 말았다. 라기스 문서에 의해 생생하게 예시되는 예레미야서 구절에서 네게브와 세필라가 차례로 함락되고 마지막에 예루살렘이 정복된 것을 알 수 있다. 드빌과 라기스에서 발굴한 것을 보면 598년과 587년 이 두 도시가 멸망하는 사이에 나라 전체가 점점 빈궁해졌던 것이 나타난다.[169] 8세기 말에 약 250,000이 넘었던 유다 인구는[170] 이 사이에 약 반도 안 되게 줄어든 것이다. 결국 587년 7-8월에[171] 예루살렘이 함락되고 대부분의 나머지 귀족과 장인이 바벨론으로 잡혀 갔다.

---

168) *Bull. Am. Sch. Or. Res.*, No. 82, p. 22; *ANET*, pp. 321 이하.
169) *Jour. Bib. Lit.*, 1932, pp. 78 이하; *Tell Beit Mirsim*, Ⅲ, 65 이하; *Pal. Explor Fund Quart. State*(Pal. Explor. Quart), 1937. pp. 175 이하., 235 이하; Ibid., 1938, pp. 252 이하. 그리고 Wright, *Bib, Archaeology*, No. 175 이하를 보라.
170) 위의 주 118을 볼 것.
171) 이 연대에 대해서는 *Bull. Am. Sch. Or. Res.*, No. 100, p. 22; Thiele, Ibid., No. 143, pp. 22 이하와 필자의 Ibid., No. 143, pp. 31 이하를 보라.

왕국의 이전 총독[172] 그달리야는 갈대아군에 의해 유다 전체의 총독이 되었고 갈대아군 진격 이전에 피신했던 많은 유대인들이 다시 돌아와 그의 권위를 받들기에 이르렀다. 예루살렘 침공 동안 광야에 숨어 있던 야전 군대 장관들은 그달리야와 협상을 벌였으나, 어떤 합의에 도달하기 전에 이스마엘이란 다윗 가계의 극단적인 애국주의자가 반역해서 그달리야를 암살했고, 미스바에 주둔해 있던 갈대아인과 많은 그달리야의 추종자들을 살해했다. 그러자 군대 장관들은 수많은 잔존 유대인들을 모아서 애굽으로 도망쳤고, 거기서 애굽 군대에 합류하여 북부와 남부 경계 지역에서 용병대가 되었다. 그들이 애굽으로 도망친 지 약 100여 년 후인 BC 525년 페르시아의 침입이 있기 전에 엘레판타인(Yeb)에서 세이트(Saite) 왕들에 의해 정착한 그 후손들이 어떻게 되었는지에 대해 좀 알려지기도 했다. 하지만 그달리야 암살 이후에도 팔레스타인 땅에는 꽤많은 유대인 귀족과 장인이 남아 있어서 갈대아인이 제3차 추방을 하게끔까지 되었다(BC 582년).

예레미야 52:28 이하에는 전체 3번의 추방을 합해 4,600명에 이르는 바벨론 추방자의 공식 서류 일람이 나와 있다. 598년에 추방된 숫자는 열왕기의 8,000(혹은 10,000)명이 아니라 3,023명이었는데 이러한 차이는 후자가 부분적으로 상상에 의한 계산이었고, 또 바벨론으로 오랫동안 끌려가면서 많은 사람이 굶거나 병들어 죽었기 때문이었다. 그러나 바벨론에서 이 포로들은 신속히 본래의 힘과 역량을 되찾아 최근에 출판된 바벨론 느부갓네살 왕의 서고에서 나온 BC 592년으로 추정되는 석판을 보면 여호야긴과 그의 다섯 아들과 또 다른 다섯 명의 유대인이 왕궁에서 식사 배급을 받았던 것으로 언급돼 있다.

여호야긴이 바벨론의 공식 서류에서도 여전히 '유다 왕'으로 불렸던 것은 의미심장하다.[173] 예레미야가 유다의 사악함을 질책하고 백

---

172) Roland de Vaux, *Ancient Israel* (1961), pp. 129 이하.
173) 참조. Bib. Arch., Ⅴ(1942), pp. 49 이하; *ANET*, p. 309.

성들에게 갈대아의 멍에에 순복하라고 강권한 그대로, 예레미야보다 좀 젊었던 동시대인이었던 바벨론 포로기 때의 에스겔은 바벨론 중앙부의 니뽈(Nippur) 가까이의 그발 강가에 있었던 거류지를 중심으로 해서 같은 사역을 펼쳤다.[174]

그의 시나 산문 설교 본문이 좀 훼손되었더라도 요지는 명약관화하다. 에스겔 선지는 유다 백성들의 비뚤어진 신앙을 냉혹한 어조와 탁월하고 생생한 비유로 질타하고 있다. 그는 예레미야가 예루살렘에서 했던 것과 마찬가지로 유다 나라의 쇠락과 사로잡혀 갈 것을 예언했다. 포로가 된 유대인들에게 그는 도덕적 순결과 각자의 엄격하고 책임있는 행동 그리고 철저한 유일신 신앙을 요구했다. 다음 서기 동안 북이스라엘과 요단 저편에 많은 야웨주의자뿐 아니라 예레미야까지 조롱한 애굽의 유대인들은 기껏해야 주위에 있는 이방종교들과 심하게 타협하며 혼합주의적인 의식을 자행하였던 반면에, 바벨론 유대인들은 이방 종교를 좇았다는 기록이 없는 것도 무척 중요한 사항이다.

고고학적 발견으로 포수기 동안 팔레스타인에 잔존했던 유대인의 상황을 아주 명확히 재구성할 수 있게 되었는데 유다의 요새화되었던 모든 성읍은 드빌이나 라기스, 벧세메스, 벧하크림(Beth-hac-cherem=Ramat Rahel)의 예에서와 같이 완전히 파괴되었다(여기서는 이미 충분히 발굴된 곳만 언급하였는데 다른 여러 곳의 주위와 지면탐사에서 나온 증거도 명확하다). 갈대아의 군대 장관 나부세이딘(Nabu-zer-iddin)은 포도 수확과 포도주 제조를 위해 많은 가나안 사람들을 남겨 두었다고 명백히 나온다(예루살렘은 포도 수확기 초에 점령되었다). 반면에 BC 597년에 유다 나라에서 분리된 듯한 네게브의 수많은 유대인 정착민은 파멸을 피했던 듯하고, 옛 경계의 북쪽에 있던 이스라엘 성읍은 바벨론의 관할하에 남아서 남부의 성읍들이 맞았던 운

---

[174] Jour. Bib. Lit, LI (1932), pp. 100 이하; C. G. Howie, The Date and Composition of Ezekiel (1950), pp. 5-26.

명을 모면할 수 있었다. 즉 예를 들어 벧엘은 이 기간 동안과 6세기 중엽 및 말엽까지 계속 점령되었고 텔-엔네스베(Tell en-Nasbeh-Ataroth)도 마찬가지였다. 589년에 유다에 속했던 영토는 아도라임(Adoraim-Dura) 부근의 남부 산악지대에 정착했던 에돔(이두메)과 헤브론 및 (알브레히트 알트가 제시한) 사마리아의 바벨론 지역 등으로 나뉘어졌다.[175] 또한 에브라임과 갈릴리 및 요단강 저편에도 상당수의 이스라엘인이 있었다. 5세기 중엽 이전의 어느 때인가에 야웨주의자들이 사마리아와 암몬의 세습적인 치리자가 되었다.

유배 간 왕이 살아있는 한 유대 왕조 재건에 대한 소망이 존재했고, 이러한 소망은 느부갓네살 사후에 여호야긴이 옥에서 풀려났다는 소식이 포로들 전체에 돌면서 불붙듯이 타오르게 된 것 같다(BC 561년).

여호야긴의 죽음과 539년 고레스의 습격에 의해 갈대아 왕국이 몰락한 사이에 긴 시간적인 간격이 있었던 것 같지는 않다. (최근에 출판된 설형문자 문서가 보여주는 대로)[176] 592년 전에 모두 태어난 그의 세 아들은 이때 이미 다 죽었고 네번째 아들만 남았는데, 완전히 바벨론식(式)의 신-아브-우술(Sin-ab-uswr)이란 이름을 갖고 있었으며[177] 다윗 가계를 이끌며 유대 나라의 회복을 위해 바사와 협상에 들어가기도 했다. 이 당시에 발견되는 깊은 신앙에 근거한 유대 민족주의의 열정적 부활은 유대 민족주의와 종교적인 우주주의를 잘 배합한 제2 이사야(Deutero-Isaiah)에 웅변적으로 나와 있다. 반면에 초기 예언 문서 어디에도 이스라엘을 특별히 선호하는 유일하신 하나님과 이방 사람들

---

175) Alt, *Kleine Schriften*, Ⅱ, pp. 316-337.
176) 위의 주 173을 보고 문헌을 참조할 것.
177) 헬라어 본문을 따라 이해하기 어려운 '세스바살'(Sheshbazzar)의 해석에 대해서는 나의 관찰 *Jour. Bib. Lit.* XL (1921), pp. 108 이하를 참조하고, 첫글자 shin의 비동화작용에 대해서는(바로 이 이름 자체 내에 다른 두 가지 예가 나옴) *Bull. Am. Sch. Or. Res.*, No. 82, p. 17을 볼 것.

제9장 포수기와 귀환 *115*

이 잘못 숭배하는 실존하지 않는 잡신들 사이의 명확한 차이를 이처럼 강변하지 않는다. 이스라엘의 부활을 열망하는 이 당시의 시온주의에는 어떤 면에서 제1차 세계 대전 전(前) 세대의 아핫 하-암(Ahad Ha-Am)과 엘리에셀 벤 예후다(Eliezer ben Yehuda)의 문화적 이상주의를 연상케하는 순수한 종교적 이상주의가 배어 있었다.

538년의 고레스 칙령의 실제 역사성(에 1:2-4; 6:3-5)은 현대 고고학 발견으로 확인되었으나,[178] 당시 포로였던 유대인들에게서 큰 호응을 얻었다고 가정할 필요는 전혀 없다. 왜냐하면 먼저 그들은 애굽의 파피리 문서의 495년 이후 기록과 여러 시기의 바벨론 석판에서 여실히 보듯이 바벨론의 새 고향에서 잘 기반을 잡아가고 있었기 때문이다(유대인 이름은 니불⟨Nippur⟩문서에 많이 나오는 437년까지는 별로 많이 나오지 않는다).[179] 그리고 유다의 상황이 매우 불확실하였고 귀로는 무척 위험스럽고 큰 희생을 치루는 것이었다. 하지만 538년과 522년 페르시아왕 감비스(Cambyses)의 죽음 사이의 기간에 물론 많은 유대인들이 팔레스타인에 돌아왔으며 그들 중에는 다윗 가계의 최고참인 숙부 신-아브-우술을 대신한, 여호야긴의 장자 스알디엘의 아들 스룹바벨과 대제사장 여호수아(예수아)도 있었다. 그들은 BC 522년에 전체 인구가 20,000명도 채 되지 않았으며 북예루살렘과 남쪽의 벧술(Beth-zur)을 가르는 분수선을 따라 직선 거리로 25마일 이내의 작은 영토에 정주하였다.[180]

---

178) 특히 R. de Vaux, *Revue Biblique*, 1937, pp. 29-57는 다음에 나오는 Eduard Meyer와 H. Schaeder의 자국을 좇아서 E. J. Bickerman, *Jour. Bib. Lit.*, LXV(1946), pp. 249 이하와 맥락을 같이 한다.
179) 무라슈(Murashu) 보관소에서 나온 자료를 위해서는 Ebeling, *Aus dem Laben der Jüdischen Exulanten* (1914), Eissfeldt, *Zeits. Alttest. Wiss.* (1935), pp. 60 이하를 볼 것. 더 이른 시대에서 유래한 몇몇 산재되어 있는 자료가 있으나 그들 중 일부는 믿을 만하지 못하다.
180) 이러한 개략적인 계산은 다음의 사실에 근거하는데, 고고학적 탐사가 보여주는 바와 같이 갈대아의 침입과 BC 582년에 끝난 추방 이후에 유다의 도시 생활은 완전히

이 지역을 자신의 구역으로 여겼던 사마리아의 치리자들과 귀족은 노골적으로 못마땅해 하였다. 반면에 전체적으로나 부분적으로 이스라엘과 유대인이 있었던 대(大)팔레스타인에는 큰 정착 구역들이 있었고, 고토를 찾는 이민자들과 그들이 가져온 물품으로 꽤 많은 자본이 유입되기도 했다. 부친이 597년생으로 추정되는 스룹바벨(Zer-Babil: '바벨론의 자손'이라는 평범한 바벨론식 이름)은 일반적으로 생각하는 대로 성급한 청년이 아니었으며 (분명히 570년 이전에 태어난) 중년의 신중한 사람이었다. 그의 신중함은 학개나 스가랴 같은 맹렬한 선지자를 자극하여 그들은 522년 12월 혹은 521년 1월에 있던 다리우스 히스타스프(Darius Hystaspes)의 즉위에 이어진 페르시아 전역에서 계속된 반란으로 주어진 기회를 포착케 된 것이다. 학개의 처음 신탁은 520년 4월에야 전달되었고 그럼으로 인해 유다 사람들이 너무 오랫동안 지연된 성전 재건에 열성을 다해 착수케 되었다. 한 달 내에 이 일이 시작된 것이다. 그리고 약 2달 후에 있은 두번째 신탁(학 2:1 이하)에서는 다가올 바사의 몰락과 새로운 유다 나라의 재건을 선포하였다. 12월에 있은 네번째 신탁(학 2:20 이하)에서는 바사 제국이 붕괴되고 스룹바벨이 여호와의 기름부음 받은 자가 될 것을 명백히 선언하였다.[181]

함몰되었다(예를 들어 보다 피상적으로 발굴된 여러 다른 곳뿐 아니라 드빌, 라기스, 벧세메스, 벧술, 라맛 라헬〈Ramat Rahel〉 등이다). (요시아 시대를 제외하고서) 포수기 이전의 국가 경계 밖에 있다가 페르시아 후기에나 지역구로 편성된 벧엘도 6세기 중기나 후기까지 번창했지만 BC 522년 전에 완전히 파괴되었다(임시적으로 Bull. Am. Sch. Or. Res., No. 56, p. 14를 볼 것. 잇따른 도자기 연구가 보여주는 바는 포수기 이후이나 5세기의 페르시아 시대 이전의 모형을 갖고 있다는 것이다). 스 2장과 느 7장의 이름 목록을 보면 BC 약 440년경 느헤미야가 작성한 문서로 일컬어지는 느 7:5 이하와 엄밀하게 일치하며, 5세기 꽤 후대의 것으로, 오랫동안 거의 확실시 되어 왔다. 따라서 이 느헤미야의 문서는 회복기 때 시작한 유다의 인구 조사의 개정판이며 귀환한 포로들(및 그들의 자손)과 이미 그 지역에 있던 유대인들을 다 포함하고 있다. 노예를 포함한 전체 인구가 약 440년에 50,000명에 조금 못미치는데 3세대 전에는 이 숫자의 5분의 2가 넘지 않았고, 포로에서 돌아온 이민자들의 자연 증가와 계속적인 유입이 최고 수준에 이르기 전이었던 것이다.

181) 이 시대의 정치적 상황에 대해서는 Olmstead, Am. Jour. Sem. Lang.,

스가랴 예언의 대부분은 더 후대의 것인데 다리우스가 그의 적들을 완전히 섬멸한 다음에 그 이전 해의 유대인의 모호한 위상이 바사 당국이 조사 표적이 되었을 때의 상황을 나타낸다. 스룹바벨이 자연사를 한 것인지 아니면 제거된 것인지는 알 수 없으나 그가 바사 왕실에 불충성하는 공공연한 행동을 했을 리는 없다. 수리아 총독과 사마리아인들의 적개심에도 불구하고 성전은 515년 3월에 완성되었고, 분명히 바사 당국은 다윗 가계에서 정치적 권한을 박탈함으로 자족해 하였고, 정치권은 여호수아(예수아)와 그의 후계자에게로 넘어갔다. 여호수아는 자신의 어려운 상황 속에서도 정치적인 기민성을 보였다. 바사 제국 전역에 있던 유대인들은 다윗 왕국이 부활되지 못한 것에 대해 실망을 감출 수 없었으며, 따라서 유다에 대한 관심도 격감하였다. 이러한 관심의 변화로 조그마한 유다의 제사장 국가는 다음 약 3세대에 걸쳐 다른 지역에 있던 유대인들에게 큰 영향을 줄 수 없었다.[182] 그러면서 루디아(Ludia)의 사르디(Sardis)같이 예루살렘에서 먼 도시에 유대인 공동체들이 세워지기 시작했다. 성전이 재건된 것은 사실이나 이 옛 고도(古都)의 벽 재건 노력은 사마리아 관원들이 훼방하여 예루살렘은 여전히

1938, pp. 409 이하. 그러나 그의 저서에서 그 상황에 대한 재구성이 완전히 새롭게 되었음을 특기할 만하다. *History of the Persian Empire* (1948), pp. 135-143. 석판 연대에 대해 알려진 것이 증가일로에 있음에 비추어 편리하게 요약된 최근의 연구로, R. A. Parker and W. H. Dubberstein, *Babylonian Chronology:* BC 626 − AD 75 (1956), pp. 15 이하. 하지만 학개서에 나오는 연대가 다리우스 왕의 즉위 연도 대신 계승 연도로 예루살렘이 산정된 것을 가정할 때 1년 올리는 것이 타당할 것이다. 이 경우 학 2:20(달이 나와 있지 않음) 이하가 실제로 제9월 대신 6. 7월이라고 가정하면 느부갓네살 4세의 반란(521년 8월-521년 11월 말)과 학개의 예언(521년 8월 하순-12월 말)이 근접하게 동시에 발생했음을 알 수 있다. 학 1:15; 2:1을 보라.

[182] 사르디(Sardis)의 본래 명칭은 옵(Obad) 20서 똑같이 사르디의 루디아-아람어의 이중언어로 스바랏(Sfarda)이다. 문제의 아람어 비문은 약 455년경의 것인데(C. C. Torrey, *Am. Jour. Sem. Lang.*, XXXV, pp. 191 이하), 그곳에 유대인 아람어 부락이 있었음을 가리킨다(Kahle and Sommer, *Kleinasiatische Forschungen*, I, 29 이하). 내 의견으로는 오바댜서의 예언이 BC 6세기 말이나 5세기 초를 나타내는 데 의심의 여지가 없다.

잿더미에 눌려 있었다. 하지만 약 60년 동안의 이 기간에 인구는 2배가 되었고 포로에서 귀환한 사람들과 본래 있었던 사람들과의 사이에 이제는 다소 정상적인 관계가 확실히 뿌리박아 가고 있었다. 시온의 부활을 위한 새로운 진일보의 때가 성숙되어 있었던 셈이다.

제 10 장
느헤미야에서 바사 제국 멸망까지

이상하게 보일지 몰라도 사실인 것은 BC 5세기의 역사가 12세기 이후 이스라엘 역사 어디보다도 몇 가지 점에서 불확실하다는 점이다. 이러한 사실의 이유로는 에스라서와 느헤미야서가 많은 변천을 거치면서 본문과 내용 배열에 있어서 아주 혼잡스럽게 되어 있고, 첨예하게 다양한 개정판들이 있어서 어느 하나를 쉽게 따라 가기가 어렵다. 뛰어난 구약 학자들도 에스라 느헤미야의 연대를 이 장(章)에서 다루는 거의 모든 시대로 잡거나 그의 경력의 순서에 대해서도 아주 다양한 의견을 제시하는 것이 놀랍지 않을 정도이다. 또한 찰스 토레이(Charles C. Torrey)나 다른 학자들이 에스라 회고담이 아주 외경적이라고 주창한 것도 크게 놀라운 바가 못된다. 고고학적인 발견인 엘레판타인 파피리(1906년 이후)와 여호야긴 석판(1939년, 위 참조) 덕분에 이제는 느헤미야가 5세기 삼사 분기 때 사람이었다는 것을 확실히 알 수 있게 되었고, 에스라가 바로 그 조금 뒤였다는 것을 확신할 수 있다. 여기서 우리가 주장하는 바와 다른 선구적인 학자들의 논의는 다른 책에서도 찾아볼 수 있으므로 여기서는 그 각 경우의 신빙도를 중점으로 결과만을 개략해 보려 한다.[183]

---

183) John Bright, *A History of Israel*, pp. 375-386, and *Yeheazkel*

고대 역사에 나오는 인물 중에서 느헤미야처럼 자신을 생생하게 나타내는 인물도 드문데, 유능한 학자들도 그 권위를 결코 의심치 않는 자신의 생에 대한 변명(apologia pro vita sua) 덕분이다. 비상한 정력과 특이한 매력을 지닌 그는 아닥사스다 롱기마누스(Artaxerxes Longimanus, 465-424년)의 궁중 고관에까지 올라 왕의 술 관원이 되었다. 오랜 관행에 따르면 이 자리는 환관이 맡았는데, 느헤미야의 경력을 보면 그러했으리라는 강력한 부수적인 증거가 있다.[184] 하지만 그는 자기 민족에 대한 사랑이 지극하여 자신의 육체적인 흠을 오히려 이용해 드물게 일편단심으로 이스라엘을 섬길 수 있었다. 반면에 그의 성품의 다른 한 면을 형성하고 있었던 깐깐함과 완고함 때문에 남과 동업을 하는 것이 쉽지 않았고 원한을 품은 적을 만들기도 했다.

느헤미야가 당시 예루살렘에서 온 그의 형제와 다른 유대인에게서 얼마나 사정이 나쁜지에 대해 들은 것은 445년 12월 이었던 듯하다. 그는 특별히 아직도 성벽이 파괴된 채 아람이나 에돔, 암몬의 약탈자들이 마음대로 무방비 상태의 거룩한 도성을 마구 공격할 수 있도록 버려져 있는 상태라는 소식에 충격을 받았던 듯하다. 그가 왕으로 하여금 팔레스타인에 있는 유대인에게 관심을 갖도록 북돋웠던 것은 분명히 한참 후에 있었다. 요세푸스가 전하는 부가적인 상보로 보면, 느헤미야는 440년에 이르러서야 왕의 칙령을 갖고 경호원과 함께 팔레스타인에 실제 도착했다.[185] 439년 8월 초에(우리 연대가 맞다면) 성벽이 갈대아

Kaufmann Jubilee Volume (1960), pp. 70-87.

184) 참조. R. Kittel, *Geschichte des Volkes Israel*, Ⅲ, pt. 2, pp. 614 이하.

185) 하워스(Howorth), 토리(Torrey) 등의 연구와 Sigmwnd Mowinckel, *Stattholderen Nehemia*(Kristiania, 1916)의 덕분으로 요세푸스가 회복기에 대해 설명하며 참고한 성경 본문은 그 첫 부분이 제1에스드라서(라틴어 성경으로 제3에스라)에 보존되어 있는 BC 2세기의 알렉산드리아 번역본이다. 느헤미야서의 현존 헬라어 본문은 AD 2세기의 데오도시온(Theodotion) 역본으로 거슬러 올라가는데, 토리나 다른 학자들은 이미 제1에스드라서가 (다른 면에선 더 낫지만) 히브리 성경의 에스라서가 잃어버렸거나 개악한 세부사항을 보존하고 있다는 것을 알았다. 따라서 모빙켈이 요세푸스의 연대 자료가 히브리 성경과 통하는 것으로 본 것은 아주 정당하다. 다음 주 186을 볼

인에 의해서 파괴된 지 꼭 148년 만에 느헤미야가 재건을 시작한 것이다.

그 자신이 정력적으로 일하고 유다 전역의 작은 도시에서 온 많은 노동자들 덕분으로 52일 만에 성벽이 세워졌다. 하지만 성벽이 그렇게 짧은 기간에 자원 노동자들에 의해 실제로 완전히 완성될 수는 없는 것이었다. 따라서 요세푸스가 히브리 본문에 나와 있는 건축 시작의 정확한 달부터 따져서 전체 공사가 2년 4개월이 걸렸다고 명확히 기술하고 있는 것을 따를 수 있다. 요세푸스가 맞다면 축성을 해서 방호벽과 탑, 성문 등을 짓는 것이 437년 12월에야 끝난 것이다. [186]

느헤미야의 사적인 대인관계는 처음의 눈부신 성공에서처럼 항상 만족스런 것은 아니었다. 그가 사마리아 치리자인 산발랏(Sin-uballit)의 큰 반대에 부딪혔다는 것은, 알부레히트 알트가 제시한 대로 후자가 갈대아 시대에 사마리아에 속해 있던 유다 경토의 옛 사마리아 상속자였으므로 당연한 일이었다. [187] 산발랏(Sin-uballit)은 전통적인 바벨론식 이름을 갖고 있었으면서도, 자신의 두 아들은 드라야(Delaiah)와 쉐르미야(Shlemiah)로 명명한 것에서 보듯이 자신은 종교적으로 야웨주의자였다. 하지만 그의 적대감의 근원은 느헤미야가 그의 회고담에서 분개했던 유다의 제사장, 선지자, 귀족들 중에 있었던 적대 그룹의 음모로 거슬러 올라갈 수 있다. 요단 저변의 중부를 다스렸던 암몬의 치리자인 도비야도 느헤미야에게 적대적이었으나, 그 자신의 이름과 아들 요하난(Johanan)의 이름 및 BC 2세기 초의 그의 자손들이 여전히 유대인이었다는 사실로 미루어 볼 때 야웨 신앙을 가진

---

186) 히브리 성경에 따르면 성벽 건축이 엘룰(Elul)월 25일에서 52일 전, 즉 다섯번째 달인 아빕(Ab)월 3일에 시작되었으나 요세푸스에 따르면(Ant. xi § 179. Loeb ed.) 제9월에 2년 4개월에 걸친 사역 후에 마치게 되어, 다섯번째 달에 시작한 것이 된다.

187) 위의 주 175을 볼 것.

자였다.[188]

하지만 산발랏과 도비야의 야웨 신앙이 예루살렘에 귀환한 포로의 것과 같지는 않았으며, 더구나 바벨론에 유배갔던 사람들의 신앙 모습은 결코 아니었다고 하는 것이 특히 엘레판타인의 발견 이후에 확인되었다. 그것은 고대 신앙의 양상과 혼합된 구조를 갖추었는데 엘레판타인에 있었던 유대인 식민지 사람들의 종교와 비슷했을 것이라고 추정된다.[189]

느헤미야 당시 유대의 인구와 사회조직이 어떠했냐에 대해선 느헤미야 7장(에스라 2장)의 인구 조사 목록에 아주 잘 나와 있는데, 이것은 귀환한 포로의 본래 목록에 숫자를 좀 정정하고 최신의 기록을 첨가한 것이다.[190] 이 목록은 두 부류의 그룹으로 구성돼 있는데, 돌아온 포로들과 그들의 후손 및 북유대 성읍 거주자들인데, 그들의 선조는 갈대아 침입 후 얼마 안 되어 고토에 돌아왔거나 아예 고토를 떠나지 않

---

[188] 도비야의 가계에 대해선 'Araq el-Emir에 대한 조직적 연구와 Zeno Papyri에 의해 최근 10년간 많이 밝혀졌는데 나의 *Archeology of Palestine and the Bible*, pp. 221 이하, nn. 108-111에 참고된 Vincent, Gressmann, Kaenig 등의 연구를 특별히 보고, 더욱이 다음을 참조. *Archaeology of Palestine*, p. 149 (나와 있는 연대는 다음 연구에 의해 확인되거나 지지됨. M. Cross Jr., *The Bible and the Ancient Near East*, p. 195, n. 75; Paul Lapp, *Bull. Am. Sch. Or. Res.*, No. 165, pp. 33 이하).

[189] 엘레판타인(Elephantine)의 유대인 식민지의 종교에 대해서 가장 최근의 연구로는 Albert Vincent, *La religion des Judéo-Araméens d'Eléphantine* (1937)와 나의 관찰 *Archaeology and the Religion of Israel*, pp. 168-174; *Bull. Am. Sch. Or. Res.*, No. 90, p. 40를 볼 것(여기서 나는 U. Cassuto가 *Kedem*, I, 47-52에서 제공한 새로운 자료도 참작했다). 엘레판타인의 유대인과 사마리아인이 밀접한 제의적인 유사성과 공감을 갖고 있었다는 견해는 전자가 자기들의 성전이 파괴된 다음에 후자에게 호소한 것뿐 아니라 다른 여러 가지 일반적인 사항에서도 예시된다. 참조. Van Hoonacker, *Une communaut judéo-Araméenne a Eléphantine* (1915), pp. 73-84. 이 전체 주제에 대한 가장 최근의 충실한 연구로는 E. G. Kraeling, *The Brooklyn Museum Aramaic Papyri* (1953), pp. 83-99.

[190] 특히 H. L. Allrik, *Bull. Am. Sch. Or. Res.*, No. 136, pp. 21 이하를 볼 것.

앉었다. 전자에는 이란식의 이름을 가졌던 바고이(Bɛgoi/Bigvai) 가족의 경우와 (분명히 수사⟨Susa⟩부근의 지역에 정착했던 사람들의 후손인) 엘람(Elam) 가계 그리고 '모압의 치리자'(Pahath-moab) 경우와 같이 후대에서 유래하는 이름을 가진 여러 가계가 있고,[191] 후자에는 베들레헴과 네토파(Netophah) 같은 유다 성읍과 라마와 게바(Gebe) 같은 베냐민 성읍 및 벧엘과 아이 같은(포수기 이전 경계 북쪽의) 에브라임 성읍 등이 포함된다. 조금 더 멀리 있었던 여리고와 롯(Lod/Lydda) 부근의 샤론 평야 끝에 있었던 에브라임의 세 성읍이 모여 이루어진 작은 그룹도 여기 속한다. 느헤미야의 건축 작업 기사에 나오는 벧술과 그일라, 드고아 및 유다 남단의 성읍들은 이 목록에 나오지 않기 때문에, 이 지역은 포로들이 BC 538년 이후에 돌아오기 시작할 때 실제로 거주민이 없었던 듯하다. 반면에 예루살렘 주위에는 이미 많이 정착해서 귀환하는 유대인에게 줄 여유가 없었다. 벧엘에서 되어진 고고학적 탐사로 이 성읍은 6세기 중반 이후까지 정착민이 있었으나 대화재로 파괴되었다가 나중에 재정착이 이루어졌고 BC 3세기까지 인구가 드물게 있었다.[192] 리다(Lydda)와 주위의 성읍은 느헤미야 자신이 이 지역에 편입시켰다. 예루살렘에는 다수의 관리들과 상인뿐 아니라, 주로 제사장, 레위인, 느디님(Nethinim)들이 있었다. 유대의 총 인구는 7,000명 이상의 노예와 하인을 제외하고 약 42,000명을 상회하는 유대인 자유민이 있어서 전체 약 5만 명 정도였는데 그중에 10,000에서 15,000명 사이가 수도나 그 주위에 살았다. 이러한 규모는 유대인 국가의 작은 핵이나 이룰 정도이지만 한 세기 동안 더 미미한 시작에서 괄목할 만한 성장과 발전을 이미 이룩한 것이다.

---

191) '모압의 치리자'라는 명칭이 그 문제의 가계 이름 앞에 나오는 사람은 바벨론이나 페르시아 제국 밑에서 번영을 누렸던 것 같다. 왜냐하면 pehɛh라는 말은 후기 앗수르 시대에 아람인들이 빌어 쓴 것인 반면, 모압은 최소한 BC 645년까지 여전히 그 자체의 종속 왕들에 의해 치리되었기 때문이다.

192) 이 발굴의 공식적인 출판물이 곧 나올 예정이다.

이미 말한 대로 불행히도 에스라의 연대에 대해서는 만족스런 정보가 없다. 가장 최근의 증거로는 에스라 사역을 아닥사스다 7년, 즉 BC 428년 정도로 잡는 것을 선호한다.[193] 이때에 느헤미야가 예루살렘에 있었는지는 확실치 않으나 에스라 회고담에 보면, 특별히 느헤미야가 나오지도 않고 증거도 상충된다.[194] 하지만 바사 왕의 칙령으로 에스라에게 광범위한 권력이 주어져서 예루살렘의 종교 체계를 개혁할 수 있도록 한 데에 느헤미야의 영향력이 직접적으로 미쳤음을 부인할 수는 없다. 에드워드 마이어(Eduard Meyer)와 한스 하인리히 쉐더(Hans Heinrich Schaeder)가[195] 탁월하게 대변한 견해인 "유대주의가 바사

---

193) '제7년'(스 7:7)이 '제37년'의 오기라고 가정하는 것이다(느 5:14에서와 같이 후자에서는 shin이 처음에 3번 나오는 것을 주목해 보라). 내가 전에 Van Hoonacker, *Jour. Bib. Lit. XL.* (1921), pp. 104-124를 따라 에스라의 사역이 아르닥사스다 2세의 제7년에 시작되었다는 견해는 그 이후, 내가 항상 완전히 동의하는 것은 아니지만 Bertholet, *The Archaeology of Palestine and the Bible*, 1932, pp. 169 이하., 218 이하, n. 98)의 입장에 근접한 견해로 대체하였다. 토리의 주장을 따라 느 8:9에서 왕실위임자(tirshata)가 에스라의 개혁을 다루므로 느헤미야란 지칭을 삭제하거나 느 10:1과 분리시켜야 할 하등의 이유가 없다. 느헤미야는 당시에 그의 12년 기간이 끝났건 안 끝났건 간에 예루살렘에 있었다. 모빙켈은(요세푸스의 연대기에 근거하여; 위의 주 125를 보라) 그가 제25년에 총독에 취임하여, 37년에는 그의 12년간 총독 임기가 끝난 것으로 생각하지만 이러한 주장조차 불분명하다. 어쨌든 가장 가능성이 있는 것은 에스라가 느헤미야의 총독 임기 말년에 예루살렘에 당도했다는 것이다. 그렇다면 이 연대는 그가 BC 490년과 480년 사이에 태어났고 이 당시에 50-60세 사이였던 스가냐(shechniah)의 아들, 다윗계의 하투스(Hattush)를 대동했다는 사실과 우연히도 잘 조화가 되는 것이다. 또 여기에 역대지략의 첫판이 완성되었을 때(느 12:33) 대제사장이었던 '엘리아십의 여호하난의 방'이란 지칭이 나오는데(스 10:6), 느헤미야가 432년에 궁에 돌아왔을 때(느 13:4 이하), 엘리아십이 아직 대제사장이었고, 엘레판타인의 서신으로 미루어 보아 여호하난은 BC 411년 정도에나 분명히 대제사장이었으므로, 당시 상황에 아주 잘 맞는 것이다(이러한 견해는 1949년에 출판된 그대로이고, 몇 가지 아주 중요한 토론을 존 브라이트가 하였는데 위의 주 183을 보라).

194) 앞의 주를 볼 것. 에스라 회고록 자체는 1인칭으로 기술되었으나 느헤미야와 관련해서 에스라를 지칭할 때는 3인칭이다.

195) 참조. Eduard Meyer, *Die Entstehung des Judentums; Der Papyrusfund von Elephantine;* H. H. Schaeder, *Esra der Schreiber.*

제국에 의해 만들어졌다"고 하는 것은 과장일 뿐 아니라, 마찬가지로 종종 들리는 "시온주의가 영국에 의해 탄생되었다"고 하는 것과 사실상 대동소이하다. 일반적으로 바사와 영국의 관원 가운데는 지지자보다는 반대자가 더 많았다는 것을 감안하면 고레스와 느헤미야 및 발포 (Balfour)경과 사무엘경이 한 역할을 평가절하할 필요가 없는 것이다. 유대주의와 시온주의는 모두 막대한 장애, 즉 중대한 순간에 바사와 영국 정부의 협조가 없이는 그러한 운동의 지도자들의 결단력에도 불구하고 성공이 불가능한—거대한 장애에 대항하여 싸운 우대인이 발전시킨 것이다.

에스라의 회고담 그 자체에는 어디에도 누가 유대 땅에 대한 왕실 위임자(tirshata)였는지 언급이 없어서 느헤미야 자신이었을 것이라고 추측해 볼 수 있고, 그의 형제 하나니(Hananiah)는 그의 부재시에 임무를 수행했을지 모른다(느 7:2 참조). 특별히 하나니는 바벨론과 수리아, 애굽지역의 바사 총독이었던 아르삼(Arsames)이 유월절의 정통적 준수에 관한 칙령을 그를 통해 엘레판타인에 있던 유대인 식민지 사람들에게 전달했을 때인 419년과 그 이후 몇 년간 예루살렘에서 유대인의 대사(大事)에 관해 여전히 수장의 역할을 하고 있었음은 주목할 만하다.[196] 또한 느헤미야의 치리 기간과 바사의 공문서에 유대의 치리자로 나오는 바사인인 어떤 바고이(Bagoas, Bagohi)가 치리했던 BC 411년 사이에 무슨 사건이 있었는지도 모르는데, 후자의 감독하에 주요한 정치적 역할이 대제사장에게로 옮아간 것이다. 느헤미야 시대에는 몇 년 동안 그와 잘 어울렸던 요수아의 손자인 엘리아십이(BC 433년 이후까지) 대제사장이었다. 몇 년 후 에스라가 예루살렘에 왔을 때 엘리아십의 손자인 요하난은 이미 대제사장이 되어 있었던 듯하다(에 10:6; 느 11:23 참조). 408년에 그는 여전히 대제사장이었으나 그때

---

196) 참조. Albert Vincent, *La Religion des Judéo-Araméens d'Eléphantine*, pp. 235 이하.

자기 형제 여수아를 성전에서 살해함으로 당시 세상에 충격을 주고 바고이들로부터도 심한 질책을 받아 모든 신망을 잃었을 것이다. 그 후 얼마 있지 않아 그의 아들 여다야(Jaddua)가 그를 계승했고, 그 이후에 헬라 시대까지 대제사장 계승에 대해서는 알려진 바가 없다.

   에스라가 유대주의 역사에서 차지하는 가장 큰 의미는 정치적 행동보다는 종교적 개혁에 있었을 것이다. 그는 이스라엘 신앙의 규범으로써 토라 경전을 확립하는 데 중요한 공헌을 하였다. 오경이 거의 현재의 모습으로 편집된 것은 바벨론에 있던 정통적인 유대인 집단에 의해서였는데 소위 말하는 초기 왕정 시대의 JE문서와 왕조 시대 말기에서 유래하는 신명기 법전과 제사 법전을 한데 묶음으로써였다. 오경의 맨 마지막에 명명되고 구성된 요소는 족장 시대와 모세 시대 그리고 예루살렘 성전 제사장들이 전수한 성전의 제의법에 대한 공적인 전승이다. 오경에는 포수기 훨씬 이전에 기록된 초기의 아주 이른 자료도 있다. 하지만 현재 대로는 P가 6세기에 배열한 것이다(본문에 7세기로 나와 있으나 이것은 분명히 6세기 오기라고 여겨짐-역자주). 오경의 처음 네 책이 실제 현재의 모습대로 편집된 것은 포수기 동안이었고, 오경 전체를 유대인의 규범으로써 사용토록 소개한 것은 에스라였으며, 고대의 실천 방법을 당시 성전 제의에서 실제로 사용토록 맞춘 것에도 에스라가 부분적으로 관계하였다. 이러한 시도 자체는 미래의 규범적인 유대주의에 주요한 공헌이 되었다. 또 다른 면에서 에스라는 고유한 문학 편찬 작업에 공헌하였는데, 찰스 C. 토레이(Charles C. Torrey)에 의하면(에스라가 주로 1인칭으로 말한) 에스라 회고담의 문체와 관점이 역대기와 일치한다고 한다.[197] 그러므로 에스라를 원칙적으로 역대기

---

197) Torrey, *Composition and Historicl Value of Ezra-Nehemiah*, pp. 16-28, etc., *Ezra Studies*, pp. 238-248; Albright, *Jour. Bib. Lit* 1921, pp. 119 이하; Arvid Kapelrud, *The Question of Authorship in the Ezra Narrative* (Oslo, 1944), pp. 95 이하. 여기서 마지막으로 언급된 학자는 토리가 엄중한 논리로서 도달한 결론인, 에스라 회고록이 묵시문학적이라는 견해를(내 자신은 에스라를 역사서로 본다),

저자로 보는 유대 전승은 상당히 맞을 가능성이 높다. 역대기 초판은 요하난 시대로 내려가게 되고 (우리가 확증할 수 있는 대로) 에스라의 다윗 가문에 속한 족보는 5세기 끝 전에 마감되므로[198] 이러한 전통에서 역사상 있을 법하지 않은 일은 없다. 역대기의 마지막 편집 시기를 4세기 초 이후로 보는 것에 모든 내적, 언어적 증거로 반대했던 견해는 최근의 고고학적 연구로 논박되었다.[199]

    4세기는 연대가 적혀있는 유대 문서가 거의 전무했던 시기이기도 하다. 애굽과 바벨론도 우리가 5세기 후반의 사정에 대해서는 잘 알고 있는 유대인 식민지의 향방에 대해서 더 이상의 정보를 제공해 주지 않는다. 유다에서는 여디야(Jaddua) 다음에, 요하난과 제2여디야가 후기 목록에서 빠진 것이 아닌가 의심되기도 하지만 더 이상 대제사장 이름이 나오지 않는다. 반면에 고고학이 밝히는 바로는 4세기의 유대 나라가 북수리아의 히에로폴리스처럼 종교정치 국가로 바사 당국에 의해 인식되었다고 한다. 유다는 또한 그 자체내로 세금을 부과할 권리가 있었고 E. L. 슈케닉(E. L. Sukenik)이 제시한 것처럼 당시 아테네의

'역사가 서클'에 대하여 운운하면서 회피하려고 한다. 10만 명도 훨씬 안 되는 농경사회에서 학자들의 '서클'이 무엇인지는 확실치 않다. 마틴 노트도 역사가의 개별성을 아주 강조하였다. Überlieferungsgeschichtliche Studien (1943), pp. 155 이하.

198) 이미 나온 *Jour. Bib. Lit.*, XL (1921), p. 111. 참조. 새로운 설형문자 증거물에 따라 브다야의 출생을 BC 592전까지 소급하면서 (대상 3:17 이하) 모든 계보가 다 장자만을 언급하고 있지 않은 사실에 비추어서, 한 세대를 25년에서 30년 사이로 잡으면 (즉 27.5년), 엘리오네이(Elioenai)의 차남들에게 10년을 할당한다고 해도 우리 목록에서 막내의 출생이 약 420년경이 된다.

199) 참조. *the Archaeology of Palestine and the Bible*, pp. 173 이하; *Bull. Am. Sch. Or. Res.*, No. 53, pp. 20 이하; *Jour. Bib. Lit.*, LXI (1942), pp. 125 이하; J. Kutsher, *Kedem*, Ⅱ, p. 74. G. R. Driver가 출판한 가죽 두루마리 (*Aramaic Documents of the Fifth Century BC*(1954). p. 17)에서 pitgama 혹은 patagama라는 말이 고레이〈Gorrey〉와 코울리〈Cowley〉 등 다른 많은 학자들은 이 말을 다른 헬라 단어와 잘못 일치시켜서 역대기의 헬라 연대를 결정적으로 입증하는 것으로 보았다) '나쁜 일'을 뜻하는 페르시아 구절에 두 번 나온다.

드크마를 본따서 기준치 드라크마를 사용해 은전을 주조하기도 했다.[200] 유대 팔레스타인의 물질 문화는 이미 헬라의 영향권에 접어 들었는데[201] 이 헬라의 영향은 곧 전세계를 삼키려하였고, 선과 악을 적재한 채 새시대로 돌입하고 있었다.

---

200) 이 주화에 대해서는 M. Narkiss, *Matbeat Hayehudim*(Jerusalem, 1936), Book Ⅰ, pp. 17-23를 볼 것. 주화 이외에도 '유다'를 말하는 Yehud란 각인이 있는 도자기 인장이 급격한 증가 추세로 발굴되고 있는데, 이 중 일부는 분명히 BC 4세기에 속하고 나머지는 3세기 것이다. 이 인장들과 4세기의 (당시에 유대인이었는 듯한) 유다 총독 인장에 대해서는 다음의 나의 토론을 참고. *Bull. Am. Sch. Or. Res.*, No. 148, pp. 28 이하 그리고 특히 Y. Aharoni, *Excavations at Ramat Rahel* (Rome, 1692), pp. 56-59를 볼 것.

201) *From the Stone Age to Christianity*, 1957 ed., pp. 337 이하. E. J. Bickerman, *The Jews; Their History, Culture and Religion*(1949), p. 87 참조.

분열 왕조의 연대표

유 다

르호보암	8(17)	약 922-915
아비야(아비얌)	3	약 915-913
아사	41	약 913-873
여호사밧	25	약 873-849
여호람	8	약 849-842
아하시야	1	약 842
아달랴	6(7)	약 842-837
요아스	38(40)	약 837-800
아마샤	18(29)	약 800-783
웃시야(아사랴)	42(52)	약 783-742
요담(섭정)	8(?)	약 750-742
요담(왕)	8−(16)	약 742-735
여호아하스I(아하스)	21 ±(16)	약 735-715
히스기야	29	약 715-687
므낫세	45(55)	약 687-642
아몬	2	약 642-640
요시야	31	약 640-609
여호아하스 II (살룸)	3개월	609
여호야김 (엘리야김)	11	609-598
여호야긴 (여고니아)	3개월	598-597 (율리아누스)
시드기야(맛다니아)	11	598/7-587/6 (바벨론)

이스라엘

여로보암 I	22	약 922-901
나답	2	약 901-900
바아사	24	약 900-877
엘라	2	약 877-876
시므리	7일	약 876
오므리	8(12)	약 876-869
아합	20(22)	약 869-850
아하시야	2	약 850-849
요람	8(12)	약 849-*842*
예후	28	약 *842*-815
여호아하스	15(17)	약 815-801
요아스	16	약 801-786
여로보암 II	41	약 786-746
스가랴	6개월	약 746-745
살룸	1개월	약 745
므나헴	10	약 745-*736*
브가히야	2	약 *736-735*
베가	4(?) (20)	약 *735-732*
호세아	9	약 *732-724*
사마리아의 멸망		722/1

　　이상은 W. F. 올브라이트의 '이스라엘의 분열 왕조 연대표'에서 인용한 것인데, 처음에는 미국의 동양연구 학계의 회보(Bulletin of the American Schools of Oriental Reserch, No. 100, December 1945, p. 16-22)에 실렸다. 개인의 생존 기간은 차후에 계속되는 발견에 따라서 수정되어 왔다. 여기에 기록되지 않은 공동 섭정 기간이 존재할 수 있지만 전체 연대기에 영향을 주지는 않는다. 이탤릭체로 된 연대는 대략 일년 정도의 오차가 있다고 보는 것이 확실하다.

CHRISTIAN LITERATURE CRUSADE

기독교문서선교회는 청교도적 복음주의신학과 신앙을 선포하는 국제적, 초교파적, 비영리 문서선교기관입니다.

기독교문서선교회는 한국교회를 위한 교육, 전도, 교화에 힘쓰고 있습니다.

만일 당신이 예수 그리스도와 그리스도인의 생활에 대하여 알기를 원하시면 지체말고 서신연락을 주십시오. 주 안에서 기쁜 마음으로 도움을 드리겠습니다.

서울 서초구 방배동 983~2
Tel. 586-8761~3

기독교문서선교회

간추린 이스라엘 역사
The Biblical Period from Abraham to Ezra

1998년 5월 10일 초판 발행
2012년 5월 30일 초판 3쇄 발행

지은이 윌리엄 F. 올브라이트
옮긴이 김 정 훈

펴낸곳 사)기독교문서선교회
등록 제16~25호(1980. 1. 18)
주소 서울시 서초구 방배동 983-2
전화 02)586-8761~3(본사) 031)923-8762~3(영업부)
팩스 02)523-0131(본사) 031)923-8761(영업부)
홈페이지 www.clcbook.com
이메일 clckor@gmail.com
온라인 국민은행 043-01-0379-646, 기업은행 073-000308-04-020
　　　　　예금주: 사)기독교문서선교회

ISBN 978-89-341-0538-1 (93230)

* 낙장·파본은 교환해 드립니다.

제사장의 나라
Kingdom of Priests

유진 H. 메릴 저 · 곽철호 역
신국판 / 675면

이 책의 목적은 사건들의 의미를 해석하는 데 있는 것이 아니라 역사 자료 자체들을 발견하는 것이며 우리가 활용할 수 있는 모든 수단을 동원해서 이스라엘의 역사를 정상적인 역사 편찬의 방법에 따라 재구성하는 것이다. 이스라엘의 과거 구약시대를 올바로 이해하려는 구약 기록의 역사적 사실성을 깨닫게 된다.

하나님의 구속사 속에서
왕정통치의 한계와 기여가 무엇인지,
그리고 오늘 우리에게 주는 교훈은
무엇인지 말해주고 있는책!

레온 우드 저/윤종훈 역
신국판 · 472면

―― 레온 우드 박사 시리즈 ――

  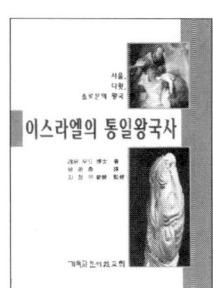